시니어 큰글자책

큰 숫자와 그림으로 보는 건강서 5

Senior 치매예방 뇌비게이션 워크북

뇌훈련 숫자놀이 교과서

Hj 골든벨타임

추천합니다!

　오래전 어느 일간지 컬럼에서 70대 일본인이 술회한 내용을 읽은 게 생각 납니다.

　"저는 나이 마흔에 남은 생애 설계를 작성했습니다. 그것도 일흔 살까지 살 수 있을 거라고 말이죠. 근데 이제 일흔을 넘고 보니, 경제 여건부터 건강과 행복지수를 찾기에는 역부족임을 절감하지만, 문제는 앞으로 어떻게 살아갈 것인가에 대해 더욱 막막하기만 합니다."라고 말입니다.

　그럼 밀레니엄을 살아가는 우리의 현실은 어떤가요?

　인터넷 검색에 '시니어 또는 실버세대'라는 키워드를 치면 『일자리, 생활의 지혜, 건강 지키기, 모델 선발대회, 백세보험, 경제…』등 정보의 바다에서 '이제는 100세 인생, 나이는 숫자에 불과하다'라는 말의 성찬이 풍성합니다.

　우리네 생애주기(life cycle)를 보면 누구나 삶의 지혜로 흠뻑 젖은 장년기를 지나 노년기로 진입할 수밖에 없는 계단에 오르게 됩니다.

　물론 이것은 생물학적 연령으로만 정의하고 있지만, 사유할 수 있는 정신적 연령은 아주 저렴하게 위치할 수 있는 것도 노인의 특권(?)이기도 합니다. 여기에 미래를 준비하는 시니어 세대라 해도 노화라는 덫에 걸려 오감의 기능이 저하되고, 근력, 기동성, 민첩성 그리고 인지 기능도 떨어지는 건 어찌할 도리 없는 불가항력입니다.

문제는 바로 '건강'이라는 종교에 맹종해야만 미래 시니어의 행복을 담보할 수 있다고 믿습니다.

최근 도서실을 이용하는 자의 절반이 시니어가 차지한다는 통계는 학교 수학 연령대나 경제 주체가 높은 베이비붐 세대가 차지하고 있다는 지표입니다.

여기저기 인쇄 매체가 다수지만 「골든벨타임」에서 글자 포인트부터 책의 사이즈를 크게 하는 '큰 글자 사업'의 일환으로 시니어를 위해 꼭 찍어낸 건강서를 출간함은 사뭇 그 가치가 크다고 평가하고 싶습니다. 무릎관절부터 심리학 노인의 품격에 이르기까지 연속 시리즈물 발간을 희망으로 기대해 봅니다.

마침 우리 연합회의 사업 목적상 시니어를 위한 프로그램에 포함되어 밀착 교육교재로 활용 계획과 맞물려 이에 추천에 이르렀습니다. 감사합니다.

2022. 초춘지절에
(사)한국시니어비전연합회
회장/Ph.D 황 덕 수

차 례

💬 하루 한 페이지만 하셔요!^^

행복한 노후란 쾌적한 환경 속에서 지인들과 따뜻한 유대관계를 갖고, 건강한 식생활, 규칙적인 생활 및 태도, 적당한 운동, 그리고 꾸준한 학습이라고 생각한다.

이 중에서 꾸준한 학습은 인간의 인지발달을 촉진하여 건강한 정신세계를 유지할 수 있다. 노년기의 건강한 정신세계를 유지하기 위해서는 지속적인 뇌훈련이 필요하다.

노년기는 퇴직 후 직업에서 벗어나 홀가분하지만, 인간관계의 소원함에서 오는 활발한 의사소통의 부재, 모든 신체기능의 저하 등으로 뇌영역이 비활성화될 수 있다. 노년기 뇌영역의 비활성화는 치매라는 무서운 중증을 앓게 될 수 있다. 따라서 뇌세포를 활성화하여 건강한 뇌세포를 유지할 수 있는 뇌훈련의 전략이 필요하다.

특히, 노년기는 민감성과 민첩성이 낮아지는 것은 물론, 특히 계산하고, 추론하는 것을 상당히 어려워하고, 이에 대한 둔감성이 높아진다. 수학은 학생시절에만 사용했고, 학교 졸업 후에는 수학을 접할 시기는 특별한 직업에 종사하지 않는 한 거의 없을 것이다. 더구나, 어플 계산기나 일반 계산기를 대부분 활용하기 때문에 암산마저 어려워하는 실정이다.

노년기 치매를 예방하기 위해서 다양한 활동으로는 주로 신체 활동이 대부분이다. 산행, 산책 등 운동은 많이 즐겨 한다. 아울러 식생활에 있어서도 엄격하게 절제하면서 건강한 신체를 유지하려고 노력한다. 그러나 치매예방을 위한 인지활동은 관심이 높지 않다. 눈이 침침하고, 앉아 있기도 답답하고, 깊게 생각하는 것 자체를 싫어한다. 이는 뇌훈련에 반(反)하는 행동으로 치매를 유발할 수 있는 요소를 함축하고 있다.

따라서 건강한 노후를 유지하기 위한 하나의 전력으로 「언어놀이」편에 이어 일상 속 숫자를 활용한 뇌훈련을 제시하고자 본서를 집필했다. 어르신들께서 큰 글자로 된 이 책을 쉽게 접근할 수 있고, 지속적인 수학적 인지활동을 통해 건강한 뇌훈련 효과가 있기를 기대해 본다.

💬 이 책을 100% 활용하는 방법은?

이 책의 내용은 학습자들의 시력을 고려하여 시원하게 큰 글자체로 구성하였고, 1장에서 8장까지 구성되어 있다.

1장은 수가 있어요!, 2장은 수의 연산(덧셈, 뺄셈, 곱하기, 나눗셈도 할 수 있어요!), 3장은 도형(블럭과 퍼즐, 패턴을 찾아볼까요?), 4장은 측정해 보아요!, 5장은 규칙이 숨어 있어요!, 6장은 생활 속 그래프가 많아요!, 7장은 여러 가지 생활 수를 찾아요! 마지막 8장은 나도 할 수 있어요. 로 어렵지 않게 접근할 수 있도록 구성했다.

이 책을 다음과 같이 활용하면 학습자의 반응을 쉽게 유발할 수 있고, 지도자는 실천 학습시 편이성을 판단할 수 있다.

첫째, 최대한 해답을 보지 않고, 정답을 찾도록 노력해 본다.

학습자들의 연령을 고려하여 문제는 대부분 난이도가 낮다. 학습자가 생각하는 여정이 치매를 예방하는 전략이기 때문에 조금 생각하여 잘 모르겠다고 포기하고, 해답을 보지 않기를 바란다.

둘째, 계산기를 사용하지 않는다.

자칫 쉽게 빨리 완성도를 높이기 위해 계산기를 사용할 수도 있다. 그러나 사용하지 않기를 권한다. 설사 정답이 아니어도 생각하여 문제를 풀어보는 여정이 뇌훈련을 하고 있다는 반증이기 때문이다.

셋째, 매일 하루에 1~2쪽을 풀 수 있도록 권장한다.

너무 오랜 시간을 하게 되면, 오히려 학습에 대한 욕구가 서하뉠 수 있기 때문에 짧은 시간에 즐겁게 할 수 있도록 한다.

넷째, 가족이나 지원자의 응원은 흥미도를 더 높일 수 있다.

혼자만 하면 스스로 문제를 풀고자 하는 흥미도가 떨어질 수 있다. 따라서 가족이나, 지원자가 확인하는 절차가 필요하다. 바로 관심이고, 응원을 해 준다면 학습에 대한 흥미를 느끼게 하고, 촉진하게 할 것이다.

다섯째, 재가서비스, 요양원, 데이케어센터 등 시니어 관련 기관에서 활용하면 더욱 효과가 좋다.

기관에서는 클라이언트들에게 지속적인 인지활동을 통해 보다 건강한 노후를 보낼 수 있기를 기대한다. 공부하는 재가 서비스, 요양원, 데이케어센터가 되지 않을까요?

여섯째, 8장에서는 "나도 할 수 있다!"로 학습자가 직접 문제를 만들어 보시면 학습의 효과가 배가될 것 같아 제시하였다.

자~ 한 번 도전해 보세요~!

1장 숫자가 있어요

10 ●   ● 16

11 ●   ● 17

12 ●   ● 18

13 ●   ● 19

14 ●   ● 10

15 ●   ● 11

16 ●   ● 12

17 ●   ● 13

18 ●   ● 14

19 ●   ● 15

다음 같은 수끼리 연결해 보아요.

20 ●   ● 28

21 ●   ● 29

22 ●   ● 26

23 ●   ● 27

24 ●   ● 24

25 ●   ● 25

26 ●   ● 22

27 ●   ● 23

28 ●   ● 20

29 ●   ● 21

다음 같은 수끼리 연결해 보아요.

30 ●   ● 39

31 ●   ● 36

32 ●   ● 37

33 ●   ● 38

34 ●   ● 33

35 ●   ● 34

36 ●   ● 35

37 ●   ● 30

38 ●   ● 31

39 ●   ● 32

40 •   • 49

41 •   • 46

42 •   • 47

43 •   • 48

44 •   • 43

45 •   • 44

46 •   • 45

47 •   • 40

48 •   • 41

49 •   • 42

다음 같은 수끼리 연결해 보아요.

50 •   • 53

51 •   • 52

52 •   • 51

53 •   • 50

54 •   • 56

55 •   • 55

56 •   • 54

57 •   • 59

58 •   • 58

59 •   • 57

다음 같은 수끼리 연결해 보아요.

69 ●   ● 60

68 ●   ● 61

67 ●   ● 62

66 ●   ● 63

65 ●   ● 64

64 ●   ● 65

63 ●   ● 66

62 ●   ● 67

61 ●   ● 68

60 ●   ● 69

다음 같은 수끼리 연결해 보아요.

79 •   • 70

76 •   • 71

77 •   • 72

78 •   • 73

73 •   • 74

74 •   • 75

75 •   • 76

70 •   • 77

71 •   • 78

72 •   • 79

다음 같은 수끼리 연결해 보아요.

85 •   • 80

86 •   • 81

87 •   • 82

88 •   • 83

89 •   • 84

80 •   • 85

81 •   • 86

82 •   • 87

83 •   • 88

84 •   • 89

다음 같은 수끼리 연결해 보아요.

98 •   • 90

99 •   • 91

96 •   • 92

97 •   • 93

94 •   • 94

95 •   • 95

92 •   • 96

93 •   • 97

90 •   • 98

91 •   • 99

다음 같은 수끼리 연결해 보아요.

100 ● ● 1000

200 ● ● 900

300 ● ● 800

400 ● ● 700

500 ● ● 600

600 ● ● 500

700 ● ● 400

800 ● ● 300

900 ● ● 200

1000 ● ● 100

잠시 쉬어가기 코너

● 아래 칸에서 1~10개까지의 시계 그림을 찾아 색칠해 보아요.

아래 수를 빈칸에 써보고, 수만큼 원(○)을 그려보아요.

0	0	
1	1	○
2		
3		
4		
5		
6		
7		
8		
9		

아래 수를 빈칸에 써보고, 수만큼 묶어보아요.

10	10	△△△△△△△△△△ △△△△△△△△△△
11		△△△△△△△△△△ △△△△△△△△△△
12		△△△△△△△△△△ △△△△△△△△△△
13		△△△△△△△△△△ △△△△△△△△△△
14		△△△△△△△△△△ △△△△△△△△△△
15		△△△△△△△△△△ △△△△△△△△△△
16		△△△△△△△△△△ △△△△△△△△△△
17		△△△△△△△△△△ △△△△△△△△△△
18		△△△△△△△△△△ △△△△△△△△△△
19		△△△△△△△△△△ △△△△△△△△△△

아래 수를 빈칸에 써보고, 수만큼 묶어보아요.

20	20	●●●●●●●●●●●●●●●●●●●●●●●●●●●●●●
21		●●●●●●●●●●●
22		●●●●●●●●●●●
23		●●●●●●●●●●●
24		●●●●●●●●●●●
25		●●●●●●●●●●●
26		●●●●●●●●●●●
27		●●●●●●●●●●●
28		●●●●●●●●●●●
29		●●●●●●●●●●●

아래 수를 빈칸에 써보고, 수만큼 색칠해 보아요.

3	3	■■■□□□□□□□□□□□□□□□□□ □□□□□□□□□□□□□□□□□□□□
5		□□□□□□□□□□□□□□□□□□□□ □□□□□□□□□□□□□□□□□□□□
7		□□□□□□□□□□□□□□□□□□□□ □□□□□□□□□□□□□□□□□□□□
13		□□□□□□□□□□□□□□□□□□□□ □□□□□□□□□□□□□□□□□□□□
20		□□□□□□□□□□□□□□□□□□□□ □□□□□□□□□□□□□□□□□□□□
25		□□□□□□□□□□□□□□□□□□□□ □□□□□□□□□□□□□□□□□□□□
26		□□□□□□□□□□□□□□□□□□□□ □□□□□□□□□□□□□□□□□□□□
27		□□□□□□□□□□□□□□□□□□□□ □□□□□□□□□□□□□□□□□□□□
28		□□□□□□□□□□□□□□□□□□□□ □□□□□□□□□□□□□□□□□□□□
29		□□□□□□□□□□□□□□□□□□□□ □□□□□□□□□□□□□□□□□□□□

아래 수를 빈칸에 써보고, 2씩 묶어 원(○)을 그려보아요.

2		
4	4	● ●
6		
8		
10		
12		
14		
16		
18		
20		

아래 수를 빈칸에 써보고, 2씩 묶어 세모(△)를 그려보아요.

20		
22	22	▲▲▲▲▲▲ ▲▲▲▲▲
24		
26		
28		
30		
32		
36		
38		
40		

아래 수를 빈칸에 써보고, 5씩 묶어 세모(△)를 그려보아요.

5		
10		
15	*15*	▲ ▲ ▲
20		
25		
30		
35		
40		
45		
50		

아래 수를 빈칸에 써보고, 10씩 묶어 원(○)을 그려보아요.

10		
20		
30	30	● ● ●
40		
50		
60		
70		
80		
90		
100		

잠시 쉬어가기 코너

● 아래 표 안의 1~100까지 빈칸에 들어갈 알맞은 수를 써보아요.

1	2	3		5		7		9	
11		13	14		16	17		19	20
21		23		25		27	28	29	
	32	33		35	36		38		40
41		43	44	45		47	48		50
51		53	54		56	57		59	60
	62	63	64		66	67	68		70
71		73	74		76		78	79	80
81	82	83		85	86		88	89	
91		93	94		96	97		99	100

1장 해답

쪽	해답	쪽	해답
10	10–14, 11–17, 12–18, 13–19, 14–10, 15–11, 16–12, 17–13, 18–14, 19–15, 16, 17, 18, 19, 10, 11, 12, 13, 14, 15	11	20, 21, 22, 23, 24, 25, 26, 27, 28, 29 — 28, 29, 26, 27, 24, 25, 22, 23, 20, 21
12	30, 31, 32, 33, 34, 35, 36, 37, 38, 39 — 39, 36, 37, 38, 33, 34, 35, 30, 31, 32	13	40, 41, 42, 43, 44, 45, 46, 47, 48, 49 — 49, 46, 47, 48, 43, 44, 45, 40, 41, 42
14	50, 51, 52, 53, 54, 55, 56, 57, 58, 59 — 53, 52, 51, 50, 56, 55, 54, 59, 58, 57	15	69, 68, 67, 66, 65, 64, 63, 62, 61, 60 — 60, 61, 62, 63, 64, 65, 66, 67, 68, 69

쪽	해답	쪽	해답

16

79	70
76	71
77	72
78	73
73	74
74	75
75	76
70	77
71	78
72	79

17

85	80
86	81
87	82
88	83
89	84
80	85
81	86
82	87
83	88
84	89

18

98	90
99	91
96	92
97	93
94	94
95	95
92	96
93	97
90	98
91	99

19

100	1000
200	900
300	800
400	700
500	600
600	500
700	400
800	300
900	200
1000	100

20

21

0	0	
1	1	○
2	2	○ ○
3	3	○ ○ ○
4	4	○ ○ ○ ○
5	5	○ ○ ○ ○ ○
6	6	○ ○ ○ ○ ○ ○
7	7	○ ○ ○ ○ ○ ○ ○
8	8	○ ○ ○ ○ ○ ○ ○ ○
9	9	○ ○ ○ ○ ○ ○ ○ ○ ○

쪽	해답		쪽	해답	
22	10	10	**23**	20	20
	11	11		21	21
	12	12		22	22
	13	13		23	23
	14	14		24	24
	15	15		25	25
	16	16		26	26
	17	17		27	27
	18	18		28	28
	19	19		29	29
24	3	3	**25**	2	2
	5	5		4	4
	7	7		6	6
	13	13		8	8
	20	20		10	10
	25	25		12	12
	26	26		14	14
	27	27		16	16
	28	28		18	18
	29	29		20	20
26	20	20	**27**	5	5
	22	22		10	10
	24	24		15	15
	26	26		20	20
	28	28		25	25
	30	30		30	30
	32	32		35	35
	36	36		40	40
	38	38		45	45
	40	40		50	50

쪽	해답	쪽	해답

쪽 28

10	10	●
20	20	● ●
30	30	● ● ●
40	40	● ● ● ●
50	50	● ● ● ● ●
60	60	● ● ● ● ● ●
70	70	● ● ● ● ● ● ●
80	80	● ● ● ● ● ● ● ●
90	90	● ● ● ● ● ● ● ● ●
100	100	● ● ● ● ● ● ● ● ● ●

쪽 29

1	2	3	4	5	6	7	8	9	10
11	12	13	14	15	16	17	18	19	20
21	22	23	24	25	26	27	28	29	30
30	32	33	34	35	36	37	38	39	40
41	42	43	44	45	46	47	48	49	50
51	52	53	54	55	56	57	58	59	60
61	62	63	64	65	66	67	68	69	70
71	72	73	74	75	76	77	78	79	80
81	82	83	84	85	86	87	88	89	90
91	92	93	94	95	96	97	98	99	100

2장 덧셈, 뺄셈, 곱셈, 나눗셈도 할 수 있어요!

덧셈식

개념 1 다음은 우리 몸에 좋은 견과류 3봉지가 있어요. 그런데, 추가로 2봉지를 더 샀습니다. 모두 몇 개일까요?

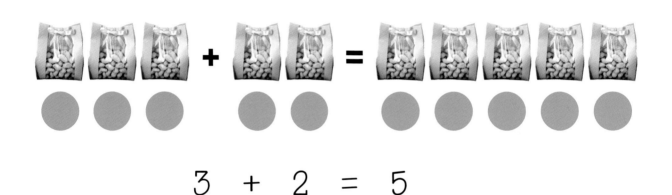

$$3 \quad + \quad 2 \quad = \quad 5$$

➡ 3 더하기 2는 5와 같습니다.
    또는, 3과 2의 합은 5입니다.

답 5개

다음은 덧셈식을 완성해 보아요.

0   +   0   =   0

1   +   1   =

2   +   2   =

3   +   3   =

4   +   4   =

5   +   5   =

6   +   6   =

7   +   7   =

8   +   8   =

9   +   9   =

10   +   10   =   20

11   +   11   =

12   +   12   =

13   +   13   =

14   +   14   =

15   +   15   =

16   +   16   =

17   +   17   =

18   +   18   =

19   +   19   =

20 + 20 = 40

21 + 21 =

22 + 22 =

23 + 23 =

24 + 24 =

25 + 25 =

26 + 26 =

27 + 27 =

28 + 28 =

29 + 29 =

다음은 덧셈식을 완성해 보아요.

30 + 20 = 50

31 + 21 =

32 + 22 =

33 + 23 =

34 + 24 =

35 + 25 =

36 + 26 =

37 + 27 =

38 + 28 =

39 + 29 =

다음은 덧셈식을 완성해 보아요.

40 + 30 = 70

41 + 31 =

42 + 32 =

43 + 33 =

44 + 34 =

45 + 35 =

46 + 36 =

47 + 37 =

48 + 38 =

49 + 39 =

50 + 40 = 90

51 + 41 =

52 + 42 =

53 + 43 =

54 + 44 =

55 + 45 =

56 + 46 =

57 + 47 =

58 + 48 =

59 + 49 =

60 + 40 = 100

61 + 41 =

62 + 42 =

63 + 43 =

64 + 44 =

65 + 45 =

66 + 46 =

67 + 47 =

68 + 48 =

69 + 49 =

99   +   57   =   156

88   +   65   =

77   +   48   =

66   +   78   =

55   +   56   =

44   +   77   =

33   +   25   =

22   +   88   =

11   +   99   =

29   +   48   =

10 + 9 = 19

11 + 8 = 19

12 + ☐ = 19

☐ + 6 = 19

14 + ☐ = 19

15 + 4 = 19

16 + ☐ = 19

☐ + 2 = 19

18 + ☐ = 19

19 + ☐ = 19

20 + 5 = 25

21 + ☐ = 27

☐ + 7 = 29

23 + 8 = ☐

24 + ☐ = 33

25 + ☐ = 25

26 + 1 = ☐

☐ + 2 = 29

☐ + 3 = 31

29 + ☐ = 33

30 + 0 = 30

40 + ☐ = 41

☐ + 2 = 52

60 + 3 = ☐

70 + ☐ = 74

80 + 5 = ☐

90 + ☐ = 96

100 + ☐ = 107

☐ + 8 = 208

300 + ☐ = 309

400   +   10   =   410

500   +   11   =   ☐

600   +   ☐   =   612

☐   +   13   =   713

800   +   14   =   ☐

900   +   ☐   =   915

1000   +   16   =   ☐

2000   +   ☐   =   2017

☐   +   18   =   3018

4000   +   ☐   =   4019

다음은 덧셈식을 완성해 보아요.

5000 + 110 = 5110

10000 + 220 =

15000 + 330 =

20000 + 440 =

25000 + 550 =

30000 + 660 =

35000 + 780 =

40000 + 890 =

45000 + 910 =

50000 + 1100 =

잠시 쉬어가기 코너

● 그림으로 덧셈식을 완성해 보아요.

★ ★ ★
★ ★ ★   +   ☆ ☆ ☆
☆ ☆   =   ★ ★ ★ ★ ★ ★
                                ☆ ☆ ☆ ☆ ☆

| 6 | + | 5 | = | 11 |

♨ ♨ ♨ ♨ ♨
♨ ♨ ♨   +   ⊙ ⊙ ⊙ ⊙
⊙ ⊙ ⊙ ⊙   =   ♨ ♨ ♨ ♨ ♨ ♨ ♨ ♨
                                ⊙ ⊙ ⊙ ⊙ ⊙ ⊙ ⊙ ⊙

| | + | | = | |

♣ ♣ ♣ ♣
♣ ♣ ♣ ♣   +   ♧ ♧ ♧ ♧
♧ ♧ ♧   =   ♣ ♣ ♣ ♣ ♣ ♣ ♣ ♣
                                ♧ ♧ ♧ ♧ ♧ ♧ ♧

| | + | | = | |

♡ ♡ ♡ ♡
♡ ♡ ♡ ♡   +   ♥ ♥ ♥ ♥ ♥
♥ ♥ ♥ ♥ ♥   =   ♡ ♡ ♡ ♡ ♡ ♡ ♡
                                ♡ ♡ ♡ ♥ ♥ ♥ ♥
                                ♥ ♥ ♥ ♥ ♥ ♥

| | + | | = | |

 **뺄셈식**

개념 1 다음은 맛있는 음료 3개가 있어요. 친구에게 2개를 주었어요.
몇 개 남았을까요?

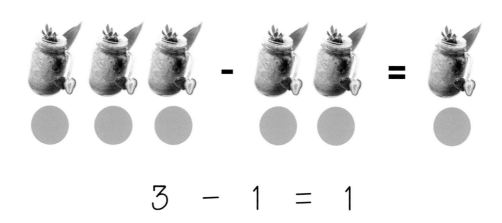

$$3 \ - \ 1 \ = \ 1$$

➡ 3 빼기 2는 1과 같습니다.
또는, 3과 2의 차는 1입니다.

 1개

다음은 뺄셈식을 완성해 보아요.

9   -   1   =   8

8   -   2   =

9   -   7   =

7   -   3   =

5   -   5   =

4   -   2   =

8   -   3   =

7   -   6   =

6   -   2   =

5   -   0   =

19   -   9   =   10

18   -   18   =

17   -   4   =

16   -   3   =

15   -   5   =

14   -   11   =

13   -   9   =

12   -   7   =

11   -   1   =

10   -   0   =

다음은 뺄셈식을 완성해 보아요.

20   −   9   =   11

[   ]   −   7   =   14

22   −   [   ]   =   8

23   −   20   =   [   ]

24   −   [   ]   =   9

25   −   17   =   [   ]

[   ]   −   11   =   15

27   −   [   ]   =   2

28   −   [   ]   =   28

[   ]   −   6   =   23

30   −   19   =   11

31   −   ☐   =   13

☐   −   17   =   15

33   −   ☐   =   17

34   −   15   =   ☐

35   −   ☐   =   21

36   −   13   =   ☐

☐   −   12   =   25

38   −   ☐   =   27

39   −   10   =   ☐

40   -   20   =   20

41   -   ☐   =   22

☐   -   18   =   24

43   -   ☐   =   26

44   -   16   =   ☐

45   -   ☐   =   30

☐   -   14   =   32

47   -   ☐   =   34

48   -   12   =   ☐

☐   -   11   =   38

다음은 뺄셈식을 완성해 보아요.

50   −   39   =   11

51   −   [   ]   =   13

[   ]   −   37   =   15

53   −   36   =   [   ]

54   −   [   ]   =   19

[   ]   −   34   =   21

56   −   [   ]   =   23

57   −   32   =   [   ]

58   −   [   ]   =   27

[   ]   −   30   =   29

100   −   25   =   75

200   −   ☐   =   165

300   −   45   =   ☐

400   −   ☐   =   345

☐   −   64   =   435

600   −   75   =   ☐

700   −   ☐   =   615

800   −   95   =   ☐

900   −   ☐   =   795

☐   −   115   =   885

잠시 쉬어가기 코너

● 그림으로 뺄셈식을 완성해 보아요

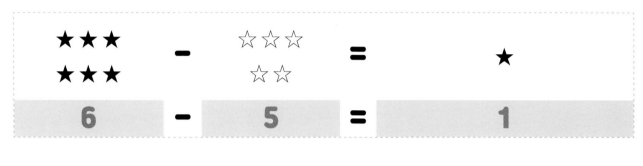

★★★
★★★ − ☆☆☆
            ☆☆ = ★

6 − **5** = **1**

♨♨♨♨♨
♨♨♨ − ⊙⊙⊙⊙
         ⊙⊙⊙ = ♨♨

___ − ___ = ___

♣♣♣♣
♣♣♣♣ − ♧♧♧♧ = ♣♣♣♣

___ − ___ = ___

♡♡♡♡♡♡
♡♡♡♡♡♡ − ♥♥♥
            ♥♥ = ♡♡♡♡♡♡♡

___ − ___ = ___

곱셈식

개념 1 다음은 새콤달콤 방울토마토가 3개씩 들어 있는 것이 2묶음이
더 있어요. 모두 몇 개가 있을까요?

$$3 \times 2 = 6$$

➡ 3 곱하기 2는 6과 같습니다.
또는, 방울토마토의 수는 3의 2배입니다.

 6개

60

10	x	0	=	
11	x	1	=	11
12	x	2	=	
13	x	3	=	
14	x	4	=	
15	x	5	=	
16	x	6	=	
17	x	7	=	
18	x	8	=	
19	x	9	=	

다음은 곱셈식을 완성해 보아요.

20   x   19   =

21   x   18   =   378

22   x   17   =

23   x   16   =

24   x   15   =

25   x   14   =

26   x   13   =

27   x   12   =

28   x   11   =

29   x   10   =

다음 곱셈식을 완성해 볼까요?

```
    3 0              3 5
x     7          x     9
─────────        ─────────
  2 1 0
```

```
    4 9              5 8
x     7          x     6
─────────        ─────────
```

```
    6 7              7 7
x     7          x     7
─────────        ─────────
```

다음 곱셈식을 완성해 볼까요?

```
    2  8              4  5
x      3          x      5
─────────────     ─────────────
      8  4        |   |   |   |
```

```
    4  0              7  1
x      4          x      3
─────────────     ─────────────
|   |   |   |     |   |   |   |
```

```
    5  9              8  8
x      2          x      5
─────────────     ─────────────
|   |   |   |     |   |   |   |
```

아래 칸(하늘색)에 곱셈식을 완성해 보세요.

```
      3  0                          3  5
   x  1  7                       x  2  9
   ─────────                     ─────────
   2  1  0                       3  □  5
3  0                             □     0
   ─────────                  ─────────────
5  1  0                     1     □  1  □
```

```
      4  9                          5  8
   x  3  7                       x  1  6
   ─────────                     ─────────
□     4  3                       3  □  8
1  4  □                          □     8
   ─────────                     ─────────
1  8  □  3                       9  □  8
```

```
      6  7                          7  7
   x  3  7                       x  5  7
   ─────────                     ─────────
   4  □  9                       5  □  9
2  □  1                       3  □     5
   ─────────                     ─────────
2  □  7  9                     4  □  8  9
```

```
        1   8
  x     1   8
  ─────────────
    1   4   4
    1   8
  ─────────────
    3   2   4
```

```
            7   4
  x         1   9
  ─────────────
        6       6
            4
  ─────────────
    1       0
```

```
        5   7
  x     4   2
  ─────────────
        1   4
    2   2
  ─────────────
    2   3   4
```

```
        7   6
  x     5   2
  ─────────────
        1       2
    3       0
  ─────────────
    3   9       2
```

```
        7   1
  x     1   1
  ─────────────
            1
        1
  ─────────────
        8   1
```

```
        5   9
  x     3   1
  ─────────────
                9
    1       7
  ─────────────
    1       2   9
```

아래 칸(하늘색)에 곱셈식을 완성해 보세요.

```
      3 7                      4 9
  x   2 1                  x   2 2
  -------                  ---------
      3 7                        8
  7 4                        8
  -------                1     7
  7 7 7
```

```
      3 7                      4 1
  x   2 7                  x   2 2
  -------                  ---------
      5 9                        2
  7                          2
  -------                  ---------
  9     9                  9     2
```

```
      8 0                      7 1
  x   1 0                  x   2 0
  -------                  ---------
        0                        0
    0                      1   2
  -------                  ---------
    0 0                    1     2 0
```

잠시 쉬어가기 코너

● 아래 그림과 곱셈식을 완성해 보아요.

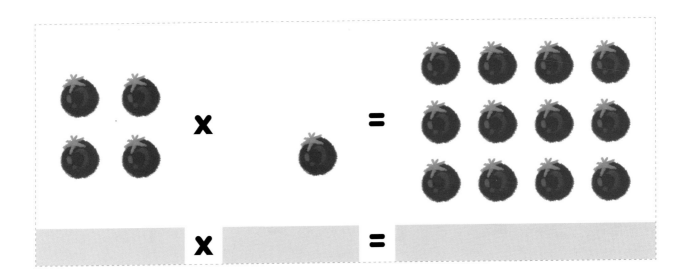

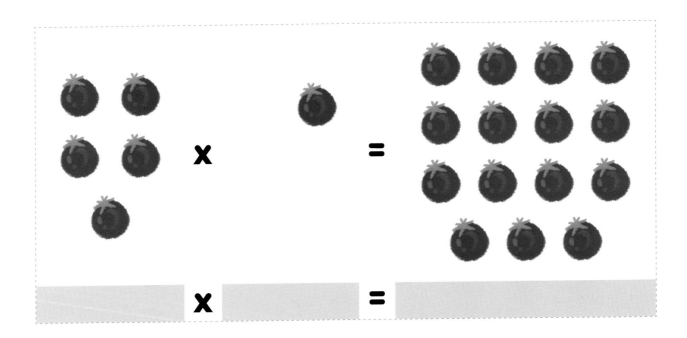

개념 1 다음은 우리 몸에 유익한 유산균 20개가 있습니다. 5인에게 똑같이 나누어주려면 몇 개를 줄 수 있을까요?

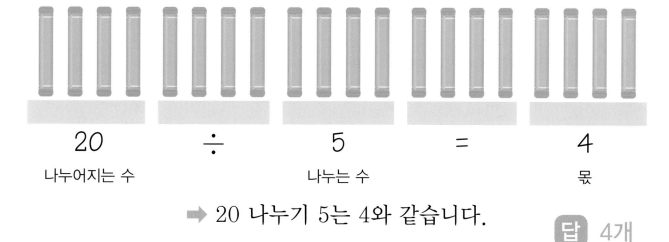

20	÷	5	=	4
나누어지는 수		나누는 수		몫

➡ 20 나누기 5는 4와 같습니다.

답 4개

개념 2 아래 우리가 좋아하는 딸기 16개가 있습니다. 2개씩 나누어 주면 몇 사람에게 나누어 줄 수 있을까요?

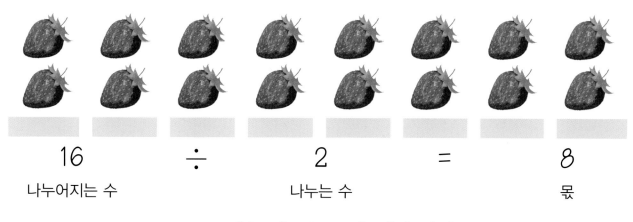

16	÷	2	=	8
나누어지는 수		나누는 수		몫

➡ 16 나누기 2는 8과 같습니다.

 **답** 8사람

다음 나눗셈식을 완성해 보아요.

1 다음은 달콤한 배 25개가 있습니다. 5인에게 똑같이 나누어주려면 몇 개를 줄 수 있을까요? ( )안에 알맞은 수를 넣어보세요.

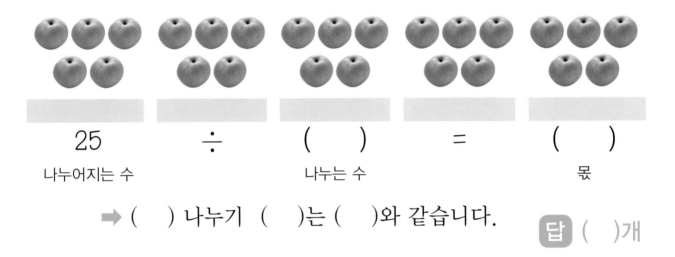

25	÷	( )	=	( )
나누어지는 수		나누는 수		몫

➡ ( ) 나누기 ( )는 ( )와 같습니다.

답 ( )개

2 다음은 주홍색 귤 28개가 있습니다. 친구 4명에게 똑같이 나누어주려면 몇 개를 줄 수 있을까요? ( )안에 알맞은 수를 넣어보세요.

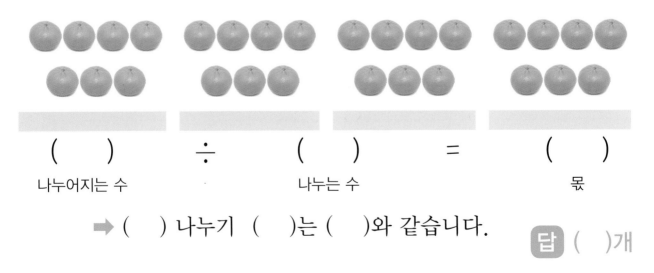

( )	÷	( )	=	( )
나누어지는 수		나누는 수		몫

➡ ( ) 나누기 ( )는 ( )와 같습니다.

답 ( )개

다음 나눗셈식을 완성해 보아요.

1 다음은 말랑한 곶감 21개가 있습니다. 3개씩 똑같이 나누어주려면 몇 사람에게 줄 수 있을까요? ( )안에 알맞은 수를 넣어보세요.

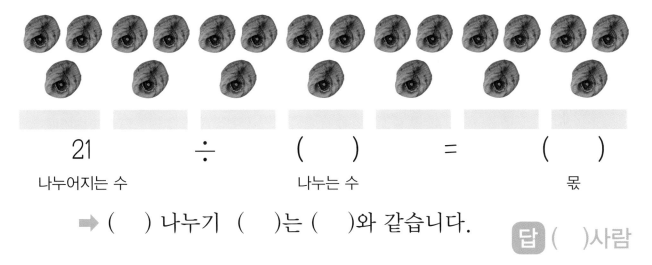

$$21 \qquad \div \qquad (\quad) \qquad = \qquad (\quad)$$

나누어지는 수   나누는 수   몫

➡ ( ) 나누기 ( )는 ( )와 같습니다.

답 ( )사람

2 다음은 고소한 보리강정 30개가 있습니다. 6개씩을 똑같이 나누어주려면 몇 사람에게 줄 수 있을까요? ( )안에 알맞은 수를 넣어보세요.

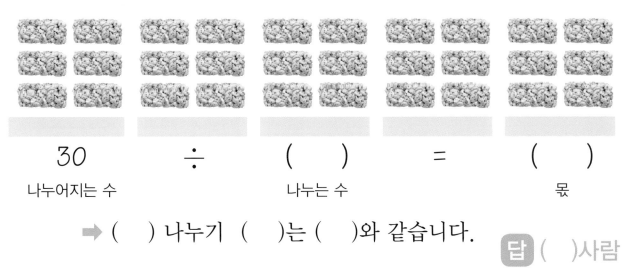

$$30 \qquad \div \qquad (\quad) \qquad = \qquad (\quad)$$

나누어지는 수   나누는 수   몫

➡ ( ) 나누기 ( )는 ( )와 같습니다.

답 ( )사람

7 ÷ 7 =

10 ÷ 1 = 10

12 ÷ 2 =

15 ÷ 3 =

16 ÷ 4 =

15 ÷ 5 =

18 ÷ 6 =

21 ÷ 7 =

32 ÷ 8 =

45 ÷ 9 =

$20 \div 10 =$

$21 \div 3 = 7$

$25 \div 5 =$

$28 \div 7 =$

$30 \div 6 =$

$42 \div 7 =$

$56 \div 8 =$

$54 \div 9 =$

$72 \div 8 =$

$81 \div 9 =$

다음은 나눗셈식을 완성해 보아요.

100 ÷ 10 = 10

300 ÷ 20 =

500 ÷ 50 =

1000 ÷ 40 =

2000 ÷ 50 =

3000 ÷ 60 =

5000 ÷ 25 =

6000 ÷ 80 =

7000 ÷ 700 =

8000 ÷ 100 =

다음은 나눗셈식을 완성해 보아요.

다음은 나눗셈식을 완성해 보아요.

(   )

6 | 3   6

(   ) (   )

(   )

(   )

7 | 4   9

(   ) (   )

(   )

(   )

7 | 6   6

(   )   3

(   )

(   )

7 | 5   9

(   )   6

(   )

다음은 나눗셈과 답을 연결해 보아요.

70 ÷ 2 •   • 7

45 ÷ 5 •   • 7

56 ÷ 8 •   • 3

72 ÷ 9 •   • 35

32 ÷ 8 •   • 9

15 ÷ 3 •   • 4

28 ÷ 4 •   • 8

18 ÷ 3 •   • 7

35 ÷ 5 •   • 5

20 ÷ 10 •   • 6

12 ÷ 4 •   • 2

다음은 나눗셈과 답을 연결해 보아요.

150 ÷ 5 ●   ● 50

200 ÷ 20 ●   ● 5

350 ÷ 7 ●   ● 30

400 ÷ 4 ●   ● 3

650 ÷ 65 ●   ● 10

700 ÷ 70 ●   ● 2

800 ÷ 400 ●   ● 100

900 ÷ 900 ●   ● 2

1000 ÷ 500 ●   ● 10

1500 ÷ 500 ●   ● 10

5000 ÷ 1000 ●   ● 1

잠시 쉬어가기 코너

● 다음 그림을 보고 나눗셈식을 만들어 보아요.

여기에 맛있는 사과가 30개 있어요. 선생님들 6인에게 나누어 드리고 싶어요. 몇 개씩 나눌 수 있을까요? 나눗셈식도 만들어 보세요.~

2장 해답

쪽	해답					쪽	해답				
37	0	+	0	=	0	**38**	10	+	10	=	20
	1	+	1	=	2		11	+	11	=	22
	2	+	2	=	4		12	+	12	=	24
	3	+	3	=	6		13	+	13	=	26
	4	+	4	=	8		14	+	14	=	28
	5	+	5	=	10		15	+	15	=	30
	6	+	6	=	12		16	+	16	=	32
	7	+	7	=	14		17	+	17	=	34
	8	+	8	=	16		18	+	18	=	36
	9	+	9	=	18		19	+	19	=	38
39	20	+	20	=	40	**40**	30	+	20	=	50
	21	+	21	=	42		31	+	21	=	52
	22	+	22	=	44		32	+	22	=	54
	23	+	23	=	46		33	+	23	=	56
	24	+	24	=	48		34	+	24	=	58
	25	+	25	=	50		35	+	25	=	60
	26	+	26	=	52		36	+	26	=	62
	27	+	27	=	54		37	+	27	=	64
	28	+	28	=	56		38	+	28	=	66
	29	+	29	=	58		39	+	29	=	68
41	40	+	30	=	70	**42**	50	+	40	=	90
	41	+	31	=	72		51	+	41	=	92
	42	+	32	=	74		52	+	42	=	94
	43	+	33	=	76		53	+	43	=	96
	44	+	34	=	78		54	+	44	=	98
	45	+	35	=	80		55	+	45	=	100
	46	+	36	=	82		56	+	46	=	102
	47	+	37	=	84		57	+	47	=	104
	48	+	38	=	86		58	+	48	=	106
	49	+	39	=	88		59	+	49	=	108

쪽	해답				쪽	해답			
43	60	+	40	= 100	**44**	99	+	57	= 156
	61	+	41	= 102		88	+	65	= 153
	62	+	42	= 104		77	+	48	= 125
	63	+	43	= 106		66	+	78	= 144
	64	+	44	= 108		55	+	56	= 111
	65	+	45	= 110		44	+	77	= 121
	66	+	46	= 112		33	+	25	= 58
	67	+	47	= 114		22	+	88	= 110
	68	+	48	= 116		11	+	99	= 110
	69	+	49	= 118		29	+	48	= 77
45	10	+	9	= **19**	**46**	20	+	5	= **25**
	11	+	8	= **19**		21	+	6	= **27**
	12	+	7	= **19**		22	+	7	= **29**
	13	+	6	= **19**		23	+	8	= 31
	14	+	5	= **19**		24	+	9	= **33**
	15	+	4	= **19**		25	+	10	= **25**
	16	+	3	= **19**		26	+	1	= 27
	17	+	2	= **19**		27	+	2	= **29**
	18	+	1	= **19**		28	+	3	= **31**
	19	+	0	= **19**		29	+	4	= **33**
47	30	+	0	= 30	**48**	400	+	10	= 410
	40	+	1	= **41**		500	+	11	= 511
	50	+	2	= **52**		600	+	12	= **612**
	60	+	3	= 63		700	+	13	= **713**
	70	+	4	= **74**		800	+	14	= 814
	80	+	5	= 85		900	+	15	= **915**
	90	+	6	= **96**		1000	+	16	= 1016
	100	+	7	= **107**		2000	+	17	= **2017**
	200	+	8	= **208**		3000	+	18	= **3018**
	300	+	9	= **309**		4000	+	19	= 4019

쪽	해답	쪽	해답

49

5000	+	110	=	5110
10000	+	220	=	10220
15000	+	330	=	15330
20000	+	440	=	20440
25000	+	550	=	25550
30000	+	660	=	30660
35000	+	780	=	35780
40000	+	890	=	40890
45000	+	910	=	45910
50000	+	1100	=	51100

50

6	+	5	=	11
9	+	8	=	17
8	+	7	=	15
12	+	10	=	22

52

9	−	1	=	8
8	−	2	=	6
9	−	7	=	2
7	−	3	=	4
5	−	5	=	0
4	−	2	=	2
8	−	3	=	5
7	−	6	=	1
6	−	2	=	4
5	−	0	=	5

53

19	−	9	=	10
18	−	18	=	0
17	−	4	=	13
16	−	3	=	13
15	−	5	=	10
14	−	11	=	3
13	−	9	=	4
12	−	7	=	5
11	−	1	=	10
10	−	0	=	10

54

20	−	9	=	11
21	−	7	=	14
22	−	14	=	8
23	−	20	=	3
24	−	15	=	9
25	−	17	=	8
26	−	11	=	15
27	−	25	=	2
28	−	0	=	28
29	−	6	=	23

55

30	−	19	=	11
31	−	18	=	13
32	−	17	=	15
33	−	16	=	17
34	−	15	=	19
35	−	14	=	21
36	−	13	=	23
37	−	12	=	25
38	−	11	=	27
39	−	10	=	29

쪽	해답	쪽	해답
56	40 - 20 = 20 41 - 19 = 22 42 - 18 = 24 43 - 17 = 26 44 - 16 = 28 45 - 15 = 30 46 - 14 = 32 47 - 13 = 34 48 - 12 = 36 49 - 11 = 38	57	50 - 39 = 11 51 - 38 = 13 52 - 37 = 15 53 - 36 = 17 54 - 35 = 19 55 - 34 = 21 56 - 33 = 23 57 - 32 = 25 58 - 31 = 27 59 - 30 = 29
58	100 - 25 = 75 200 - 35 = 165 300 - 45 = 255 400 - 55 = 345 500 - 64 = 435 600 - 75 = 525 700 - 85 = 615 800 - 95 = 705 900 - 105 = 795 1000 - 115 = 885	59	★★★ ★★★ - ☆☆☆ ☆☆ = ★ 6 - 5 = 1 ♨♨♨♨♨ ♨♨♨♨ - ⊙⊙⊙⊙ ⊙⊙⊙ = ♨♨ 9 - 7 = 2 ♣♣♣♣ ♣♣♣♣ - ♧♧♧♧ = ♣♣♣♣ 8 - 4 = 4 ♡♡♡♡♡♡ ♡♡♡♡♡♡ - ♥♥♥ ♥♥ = ♡♡♡♡♡♡♡ 12 - 5 = 7
61	10 x 0 = 0 11 x 1 = 11 12 x 2 = 24 13 x 3 = 39 14 x 4 = 56 15 x 5 = 75 16 x 6 = 96 17 x 7 = 119 18 x 8 = 144 19 x 9 = 171	62	20 x 19 = 380 21 x 18 = 378 22 x 17 = 374 23 x 16 = 368 24 x 15 = 360 25 x 14 = 350 26 x 13 = 338 27 x 12 = 324 28 x 11 = 308 29 x 10 = 290

쪽	해답	쪽	해답

63

```
    3 0            3 5
  ×   7          ×   9
  2 1 0          3 1 5

    4 9            5 8
  ×   7          ×   6
  3 4 3          3 4 8

    6 7            7 7
  ×   7          ×   7
  4 6 9          5 3 9
```

64

```
    2 8            4 5
  ×   3          ×   5
    8 4          2 2 5

    4 0            7 1
  ×   4          ×   3
  1 6 0          2 1 3

    5 9            8 8
  ×   2          ×   5
  1 1 8          4 4 0
```

65

```
    3 0            3 5
  × 1 7          × 2 9
  2 1 0          3 1 5
  3 0            7 0
  5 1 0        1 0 1 5

    4 9            5 8
  × 3 7          × 1 6
  3 4 3          3 4 8
1 4 7            5 8
1 8 1 3          9 2 8

    6 7            7 7
  × 3 7          × 5 7
  4 6 9          5 3 9
2 0 1          3 8 5
2 4 7 9        4 3 8 9
```

66

```
    1 8            7 4
  × 1 8          × 1 9
  1 4 4          6 6 6
  1 8            7 4
  3 2 4        1 4 0 6

    5 7            7 6
  × 4 2          × 5 2
  1 1 4          1 5 2
2 2 8          3 8 0
2 3 9 4        3 9 5 2

    7 1            5 9
  × 1 1          × 3 1
    7 1            5 9
  7 1          1 7 7
  7 8 1        1 8 2 9
```

67

```
    3 7            4 9
  × 2 1          × 2 2
    3 7            9 8
  7 4            9 8
  7 7 7        1 0 7 8

    3 7            4 1
  × 2 7          × 2 2
  2 5 9            8 2
  7 4            8 2
  9 9 9          9 0 2

    8 0            7 1
  × 1 0          × 2 0
    0 0            0 0
  8 0          1 4 2
  8 0 0        1 4 2 0
```

68

```
4  ×  3  =  12
```

```
5  ×  3  =  15
```

쪽	해답	쪽	해답
70	**1번:** 5, 5, 25, 5, 5, 5 **2번:** 28, 4, 7, 28, 4, 7, 7	**71**	**1번:** 3, 7, 21, 3, 7, 7 **2번:** 6, 5, 30, 6, 5, 5

72

7	÷	7	=	1
10	÷	1	=	10
12	÷	2	=	6
15	÷	3	=	5
16	÷	4	=	4
15	÷	5	=	3
18	÷	6	=	3
21	÷	7	=	3
32	÷	8	=	4
45	÷	9	=	5

73

20	÷	10	=	2
21	÷	3	=	7
25	÷	5	=	5
28	÷	7	=	4
30	÷	6	=	5
42	÷	7	=	6
56	÷	8	=	7
54	÷	9	=	6
72	÷	8	=	9
81	÷	9	=	9

74

100	÷	10	=	10
300	÷	20	=	15
500	÷	50	=	10
1000	÷	40	=	25
2000	÷	50	=	40
3000	÷	60	=	50
5000	÷	25	=	200
6000	÷	80	=	75
7000	÷	700	=	10
8000	÷	100	=	80

75

8 몫

```
      8
  ┌──────
4 │ 3  5
  │ 3  2
  └──────
      3  나머지
```

```
      ( 1 )  3
  ┌──────
2 │ 2  7
  │(2)(6)
  └──────
         1
```

```
     ( 9 )
  ┌──────
9 │ 8  1
  │(8)(1)
  └──────
     ( 0 )
```

```
      ( 7 )
  ┌──────
9 │ 6  8
  │(6)(3)
  └──────
      ( 5 )
```

쪽	해답	쪽	해답

76

(6)
6) 3 6
(3) (6)
(0)

(7)
7) 4 9
(4) (9)
(0)

(9)
7) 6 6
(6) 3
(3)

(8)
7) 5 9
(5) 6
(3)

77

70 ÷ 2   7
45 ÷ 5   7
56 ÷ 8   3
72 ÷ 9   35
32 ÷ 8   9
15 ÷ 3   4
28 ÷ 4   8
18 ÷ 3   7
35 ÷ 5   5
20 ÷ 10   6
12 ÷ 4   2

78

150 ÷ 5   50
200 ÷ 20   5
350 ÷ 7   30
400 ÷ 4   3
650 ÷ 65   10
700 ÷ 70   2
800 ÷ 400   100
900 ÷ 900   2
1000 ÷ 500   10
1500 ÷ 500   10
5000 ÷ 1000   1

79

$$30 \div 6 = 5$$

86

3장 블럭과 퍼즐, 패턴을 찾아볼까요?

아래 도형(평면, 입체)의 이름을 찾아 선을 연결해 보아요.

오각형

직사각형

정사각형

직육면체

정삼각형

정육면체

원

평행사변형

육각형

원기둥

직삼각형

마름모

다음 도형 안에 크고 작은 삼각형이 몇 개일까요? 보이는 만큼 쓰세요.

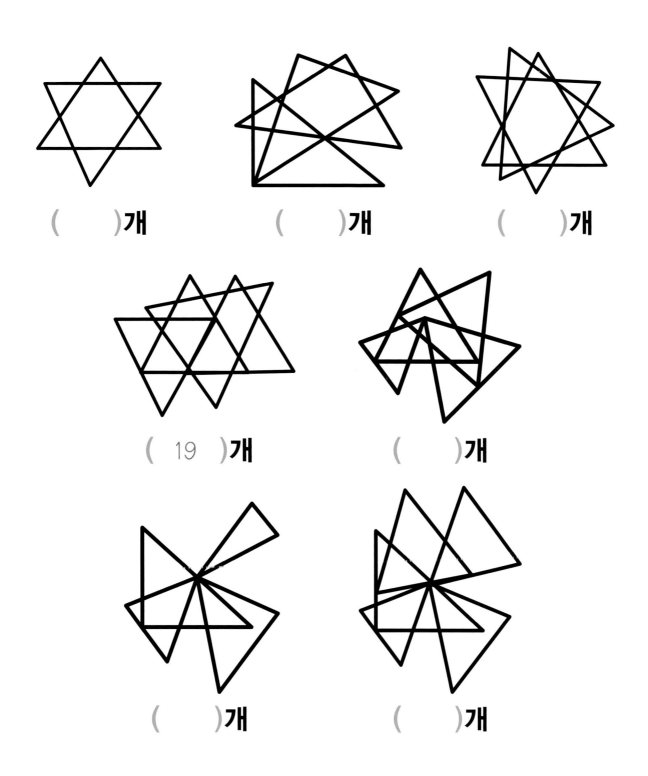

(   )개   (   )개   (   )개

(19   )개   (   )개

(   )개   (   )개

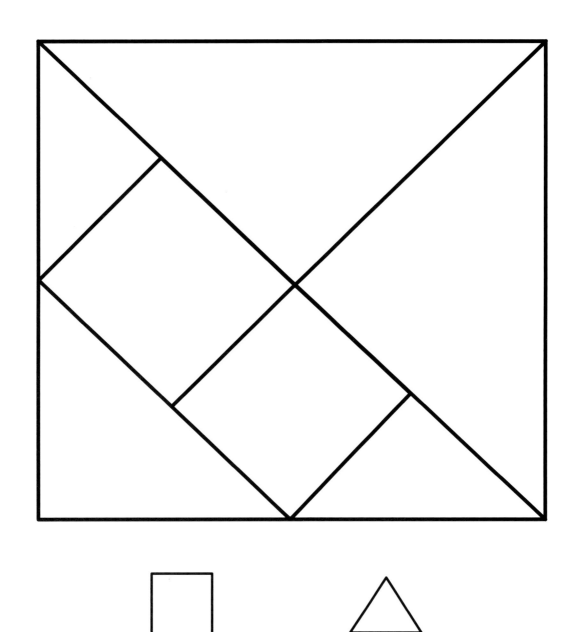

(   )개   (   )개

아래 같은 도형끼리 선을 연결해 보아요.

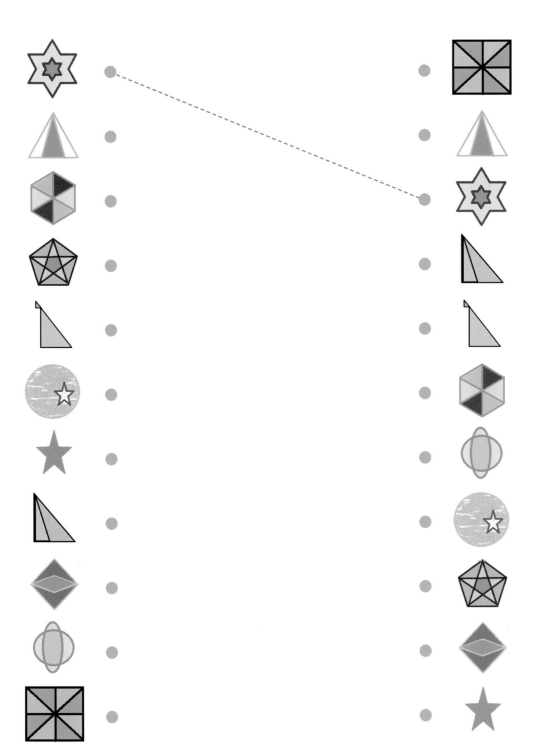

아래 같은 그림끼리 선을 연결해 보아요.

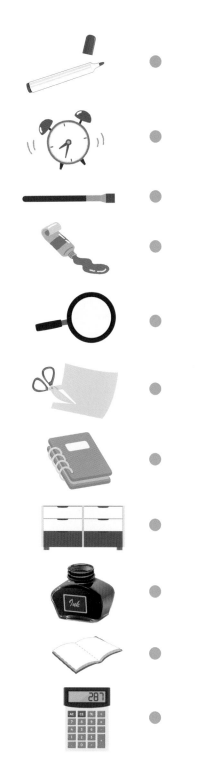

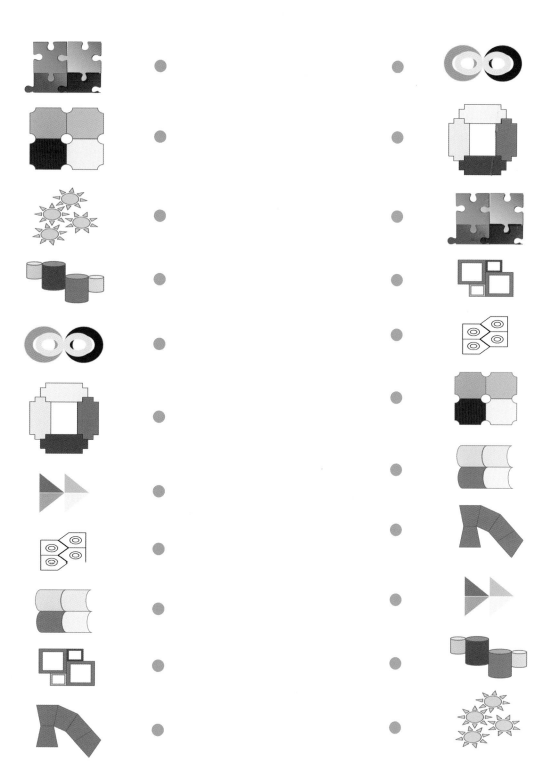

아래 도형의 수를 세어보고, 알맞은 수를 보이는 만큼 쓰세요.

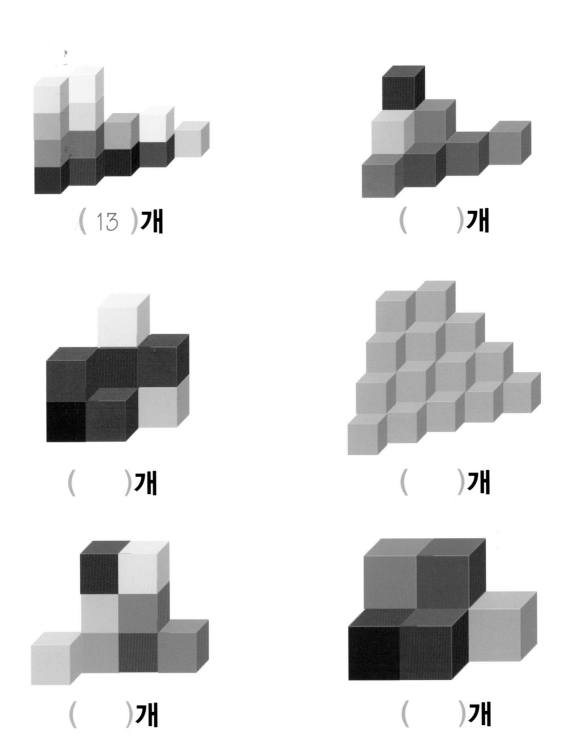

(13)개

( )개

( )개

( )개

( )개

( )개

아래 도형의 수를 세어보고, 알맞은 수를 보이는 만큼 쓰세요. 또한 색칠도 해보아요.

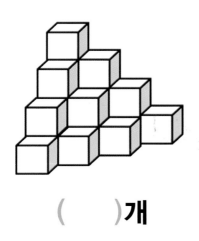

(　　　)개

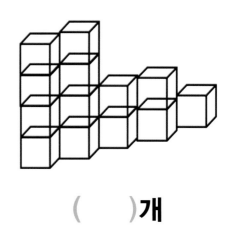

(　　　)개

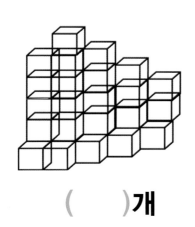

(　　　)개

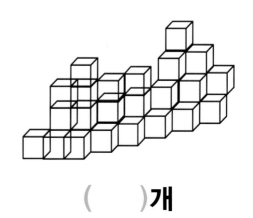

(　　　)개

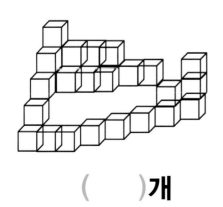

(　　　)개

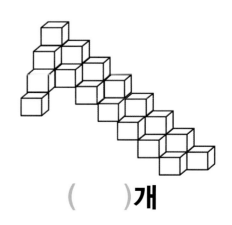

(　　　)개

아래 표 안의 도형과 수를 보고, 예문을 확인해 보아요.

〈 도형과 수 〉

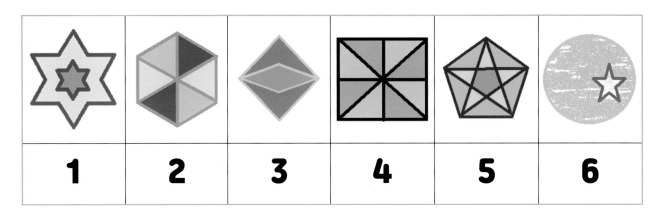

〈 예문 〉

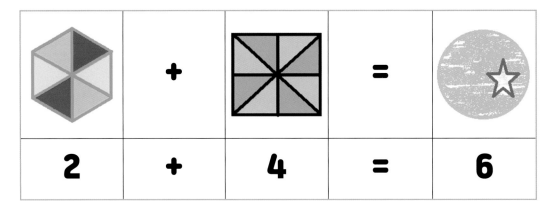

다음 도형과 수를 활용하여 아래 수식을 완성해 보아요.

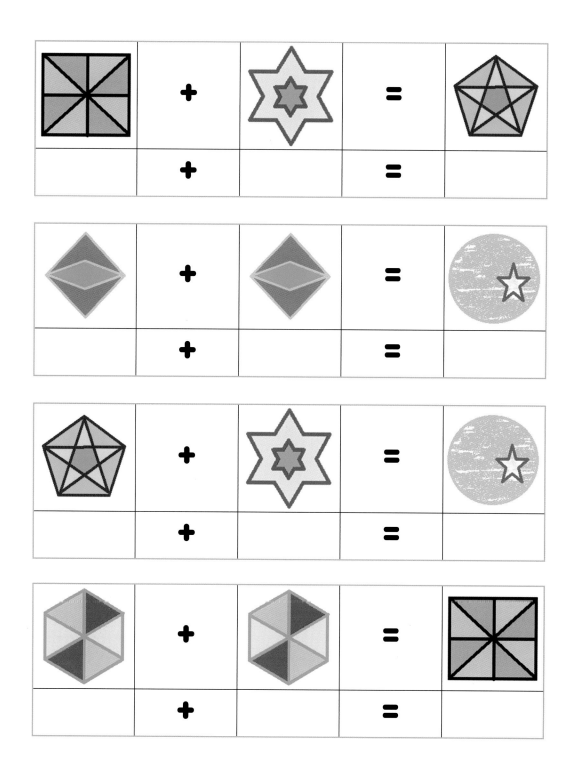

다음 도형과 수를 활용하여 아래 수식을 완성해 보아요.

	−		=	
	−		=	

	−		=	
	−		=	

	−		=	
	−		=	

	−		=	
	−		=	

다음 도형과 수를 활용하여 아래 수식을 완성해 보아요.

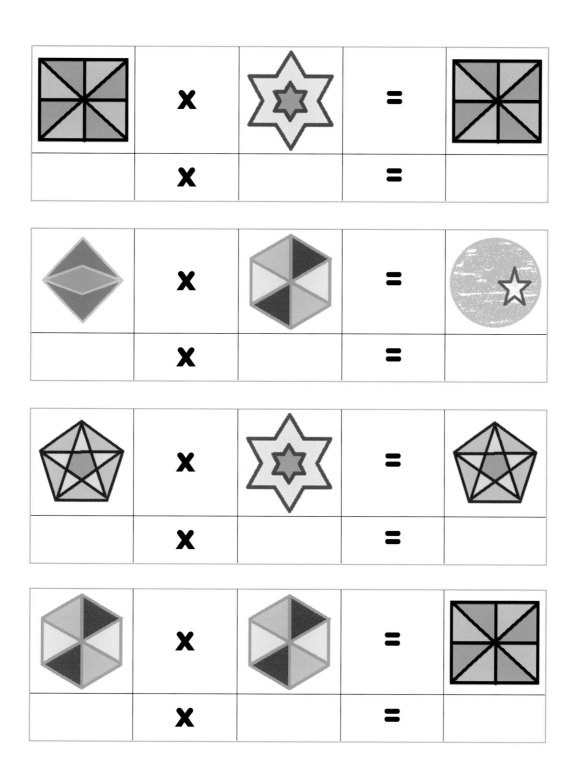

잠시 쉬어가기 코너

● 아래 점판에서 점과 점을 이어 여러 가지 도형을 그려보고 색칠도 해보아요.

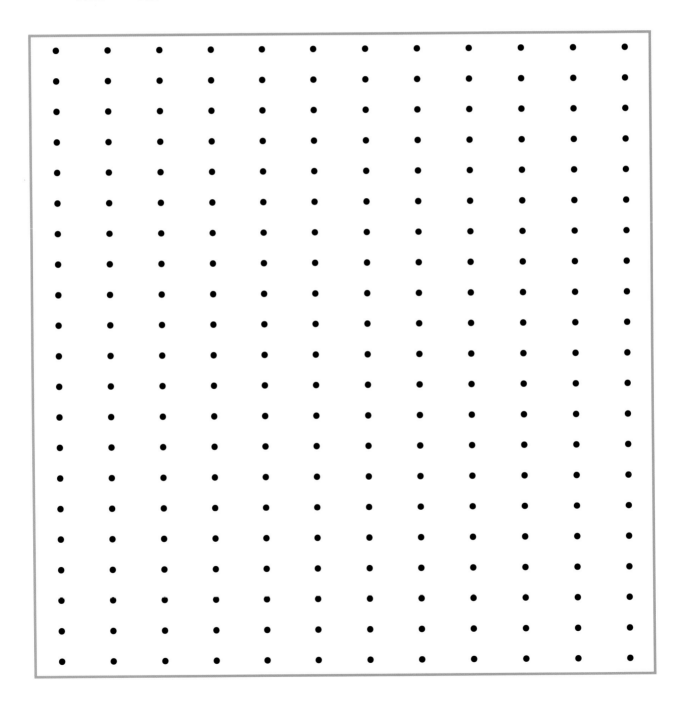

3장 해답

쪽	해답	쪽	해답
88	오각형 / 직사각형 / 정사각형 / 직육면체 / 정삼각형 / 정육면체 / 원 / 평행사변형 / 육각형 / 원기둥 / 직삼각형 / 마름모	**89**	(8)개 (14)개 (23)개 (19)개 (20)개 (14)개 (15)개
90	(7)개 (4)개	**91**	
92		**93**	

쪽	해답	쪽	해답
94	(13)개 (9)개 (8)개 (30)개 (8)개 (7)개	95	(20)개 (13)개 (25)개 (32)개 (29)개 (26)개

97

$$4 + 1 = 5$$
$$3 + 3 = 6$$
$$5 + 1 = 6$$
$$2 + 2 = 4$$

98

$$4 - 1 = 3$$
$$31 - = 2$$
$$5 - 1 = 4$$
$$6 - 2 = 4$$

99

$$4 \times 1 = 4$$
$$3 \times 2 = 6$$
$$5 \times 1 = 5$$
$$2 \times 2 = 4$$

4장   측정해 보아요!

다음은 물체의 길이를 비교하고, ( )안에 들어갈 말을 완성해 보아요.

1 [타원 막대] 2 [타원 막대]	1은 2보다 더 (짧다). 2는 1보다 더 (길다).
1 [깃발 모양] 2 [깃발 모양]	1은 2보다 더 ( ). 2는 1보다 더 ( ).
1 [화살표] 2 [화살표] 3 [화살표]	1은 2보다 더 ( ). 2는 1보다 더 ( ). 3은 1보다 더 ( ). 3은 2보다 더 ( ). 1은 3보다 더 ( ).
1 [원] 2 [원] 3 [원]	1은 2보다 더 ( ). 2는 1보다 더 ( ). 3은 1보다 더 ( ). 3은 2보다 더 ( ). 1은 3보다 더 ( ).
1 [별] 2 [별] 3 [별]	1은 3보다 더 ( ). 3은 1보다 더 ( ). 2는 3보다 더 ( ). 2는 1보다 더 ( ). 3은 2보다 더 ( ).

주변에 있는 물건을 직접 자로 재어 보고 길이를 기록해 보아요.

- 나의 왼손 검지 한 척   길이 : (   )mm

-                      길이 : (   )mm

가로

세로

-                      가로 : (   )mm
  세로 : (   )mm

- 나의 키는?   길이 : (   )mm

- 나의 친구 키는?   길이 : 약 (   )mm

다음은 어느 쪽이 더 무거울까요? 무거운 쪽에 동그라미를 그려보아요.

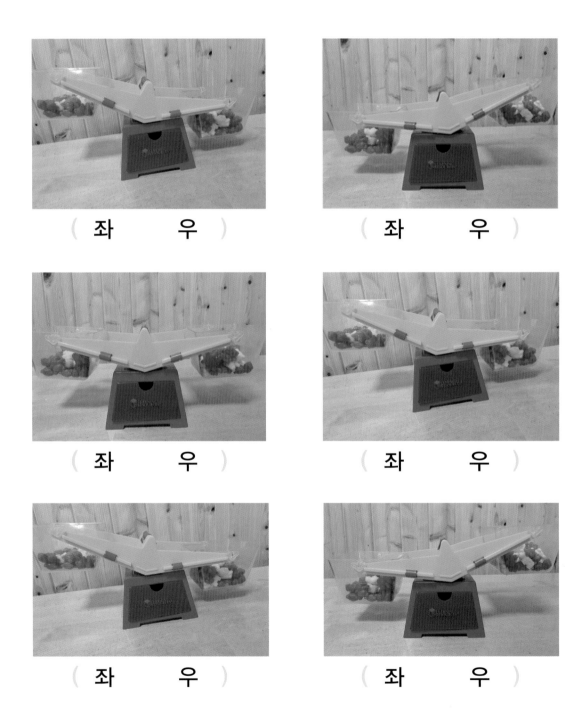

(좌   우)   (좌   우)

(좌   우)   (좌   우)

(좌   우)   (좌   우)

다음은 어느 쪽이 더 가벼울까요? 가벼운 쪽에 동그라미를 그려보아요.

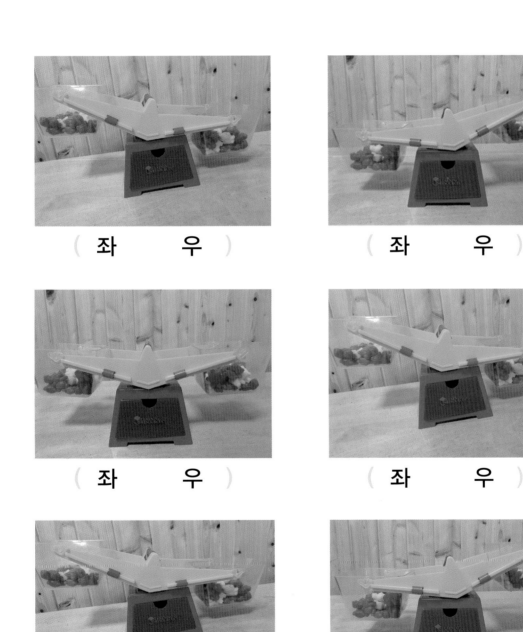

(좌   우)

(좌   우)

(좌   우)

(좌   우)

(좌   우)

(좌   우)

24	+	21		0	+	45
15	-	13	>	5	-	4
25	x	2		25	+	25
14	-	10		29	-	5
27	+	3		30	+	0
41	-	6		23	+	2
15	÷	3		3	-	2
27	-	14		60	÷	30
56	-	0		8	x	7
39	+	21		24	+	19

아래 수식을 보고, 등호와 부등호(=, <, >)를 넣어 수식을 완성해 보아요.

14	+	12		24	+	2
75	-	27		98	-	15
9	x	9		80	+	1
37	-	17		34	-	12
21	+	4		20	+	21
61	-	9		32	+	29
64	÷	8		11	-	3
37	-	15		42	÷	6
77	-	35		6	x	7
49	+	6		51	+	19

4장 해답

쪽	해답	쪽	해답
104	1은 2보다 더 (짧다). 2는 1보다 더 (길다). 1은 2보다 더 (짧다). 2는 1보다 더 (길다). 1은 2보다 더 (짧다). 2는 1보다 더 (길다). 3은 1보다 더 (길다). 3은 2보다 더 (길다). 1은 3보다 더 (짧다). 1은 2보다 더 (짧다). 2는 1보다 더 (길다). 3은 1보다 더 (길다). 3은 2보다 더 (길다). 1은 3보다 더 (짧다). 1은 3보다 더 (길다). 3은 1보다 더 (짧다). 2는 3보다 더 (길다). 2는 1보다 더 (짧다). 3은 2보다 더 (짧다).	**105**	직접 재어 보아요.
106	(좌 **우**) (**좌** 우) (좌 우) (좌 **우**) (좌 **우**) (**좌** 우)	**107**	(**좌** 우) (좌 **우**) (좌 우) (**좌** 우) (**좌** 우) (좌 **우**)
108	24 + 21 = 0 + 45 15 − 13 > 5 − 4 25 x 2 = 25 + 25 14 − 10 < 29 − 5 27 + 3 > 30 + 0 41 − 6 < 23 + 2 15 ÷ 3 > 3 − 2 27 − 14 > 60 ÷ 30 56 − 0 = 8 x 7 39 + 21 > 24 + 19	**109**	14 + 12 = 24 + 2 75 − 27 < 98 − 15 9 x 9 = 80 + 1 37 − 17 < 34 − 12 21 + 4 < 20 + 21 61 − 9 < 32 + 29 64 ÷ 8 = 11 − 3 37 − 15 > 42 ÷ 6 77 − 35 = 6 x 7 49 + 6 < 51 + 19

5장 규칙이 숨어 있어요!

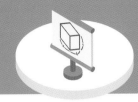

아래 도형표에서 빈칸에 들어갈 패턴을 찾아
그려서 채워보아요.

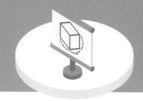

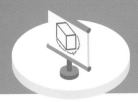

아래 도형표에서 빈칸에 들어갈 패턴과 같은 수를 쓰세요.

〈 패턴과 수 〉

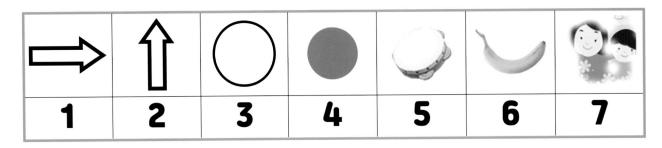

1	2	3	4	5	6	7

아래 패턴에서 ○, ● 혹은, △, ☆을 사용하여 그림과 같은 규칙을 넣어 보아요.

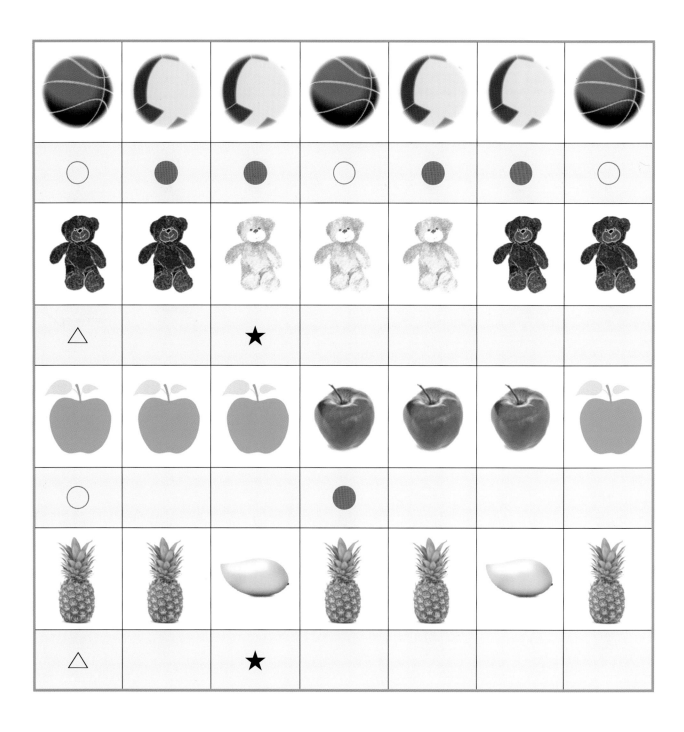

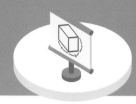

아래 표에서 규칙을 찾아 빈칸에 알맞은
숫자를 완성해 보아요.

1	2	3		2	3	1
5	4	5		5	4	5
7	8	8		8	8	7
5	6	5		5	6	5
1	9	1		9	1	1
0	0	2		0		0
8	8	7		8	8	7
4	4	4		5	5	4

아래 표에서 규칙을 찾아 빈칸에 알맞은 숫자를 완성해 보아요.

12	12	13	12		13	12
15		15	14	15	15	15
17		18	17	18		17
25	26		26	25		25
	29	21	21	29		21
30		32	30	30	32	
48		47	47	48	48	47
55		54	55	55	55	54

잠시 쉬어가기 코너

● 우리 동네 지도 그리기에 도전할까요? 다양한 도형을 이용하여 우리 동네 지도를 완성해 보세요.

5장 해답

쪽	해답	쪽	해답
112		113	
114		115	

116

1	2	3	1	2	3	1
5	4	5	4	5	4	5
7	8	8	7	8	8	7
5	6	5	6	5	6	5
1	9	1	1	9	1	1
0	0	2	0	0		0
8	8	7	7	8	8	7
4	4	4	5	5	5	4

117

12	12	13	12	12	13	12
15	15	15	14	15	15	15
17	18	18	17	18	18	17
25	26	25	26	25	26	25
21	29	21	21	29	21	21
30	30	32	30	30	32	30
48	48	47	47	48	48	47
55	55	54	55	55	55	54

6장 생활 속 그래프를 찾아라!

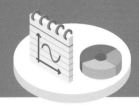

아래 같은 그래프끼리 연결하세요.

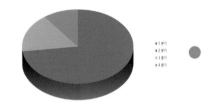

●   ● 막대 그래프

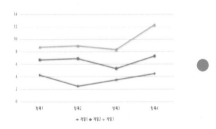

●   ● 원그래프

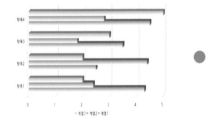

●   ● 꺾은선 그래프

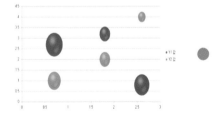

●   ● 띠그래프

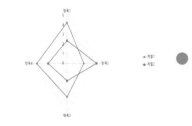

●   ● 방사형 그래프

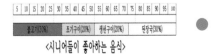

●   ● 점그래프

아래 과일 수만큼 막대그래프를 색칠하여 완성해 보아요.

사과	🍎	🍎	🍎	🍎	🍎				
배	🍐	🍐	🍐	🍐	🍐	🍐	🍐		
귤	🍊	🍊	🍊	🍊	🍊	🍊	🍊	🍊	🍊
바나나	🍌	🍌	🍌	🍌	🍌	🍌	🍌		
망고	🥭	🥭	🥭	🥭	🥭				
체리	🍒	🍒	🍒	🍒	🍒	🍒	🍒		
단감	🟠	🟠	🟠	🟠					
곶감	⬤	⬤	⬤	⬤	⬤	⬤	⬤	⬤	
딸기	🍓	🍓	🍓	🍓					
석류	🔴	🔴	🔴	🔴	🔴				

	1	2	3	4	5	6	7	8	9	10
딸기										
단감										
망고										
사과										
석류										
배										
바나나										
체리										
곶감										
귤										

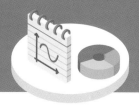

아래 꽃잎 수만큼 꺾은선 그래프로 완성해 보세요.

진달래													
개나리								
목련										
산수유									
장미													
상사화							
국화															
모란																	
동백										
나팔꽃					

	1	2	3	4	5	6	7	8	9	10	11	12	13	14	15	16	17	18	19
장미																			
나팔꽃																			
국화																			
상사화																			
목련																			
모란																			
진달래																			
동백																			
개나리																			
산수유																			

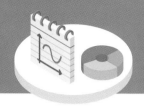

아래 지문을 보고, 원그래프를 완성하세요.

　어느 가을날 친구들과 가까운 친척이 운영하는 사과 농장에 갔어요. 주렁주렁 달린 사과를 보니, 싱그럽고, 탐스러웠어요. 우리는 바로 기본 장비를 갖추고, 사과 따기를 시작했답니다. 1시간 동안 사과를 따서 박스에 각각 담았어요. 우리는 서로 궁금하여 각각 박스에 담은 사과를 세어 보았어요. 그 결과 영희는 30개, 철수는 30개, 정숙이는 25개, 혜숙이는 가장 작은 15개였어요. 우리가 딴 사과는 총 몇 개일까요? 또한 수확한 사과는 각각 몇 %일까요? 아래 ⬤에 알맞은 숫자를 넣어 보아요.

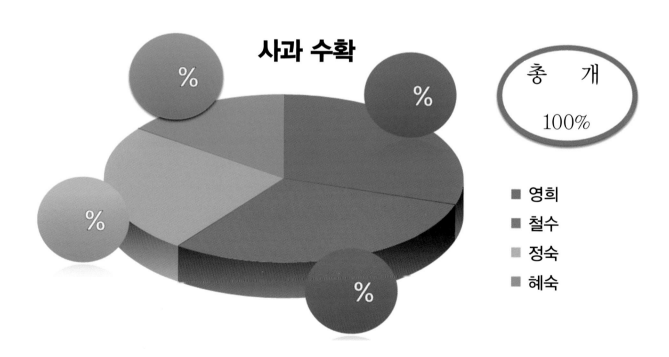

사과 수확

총　　개
100%

■ 영희
■ 철수
■ 정숙
■ 혜숙

　　오늘은 시니어클럽에서 친구들과 딸기 농장 현장 체험에 나섰어요. 선생님의 안내에 따라 모두 관광버스를 타고, 드디어 딸기 농장에 도착했어요. 주렁주렁 달린 딸기 농장이 훈훈하고, 덥기도 했지만, 딸기를 보니, 어느새 만져보고 싶었어요. 선생님은 농장 주인하고, 무슨 이야기를 하시더니, 우리에게 안전하게 딸기를 따는 방법을 알려 주셨어요. 딸기를 따는 시간은 30분이었어요. 모두 옆에 준비된 바구니를 들고, 딸기를 하나하나 따기 시작했어요. 영롱하게 붉은색으로 잘 익은 딸기를 따는 것은 정말 재밌었어요. 선생님 몰래 살짝 맛도 보았는데, 정말 새콤달콤 향긋한 딸기맛이었요. 그때, 선생님의 큰 소리가 들렸어요. 이제 시간이 다 되었으니, 딸기는 그만 따고, 가져오라고 하셨어요. 우리는 수확한 딸기를 세어보았어요. 그 결과, 민준씨는 40개, 리호씨는 25개, 유나씨는 40개, 이준씨는 35개, 리나씨는 40개, 주아씨는 20개를 땄어요. 딸기는 총 몇 개를 땄을까요? 그리고, 어르신들이 수확한 딸기는 각각 몇 %일까요? 아래 🔵% 에 알맞은 숫자를 넣어 보아요.

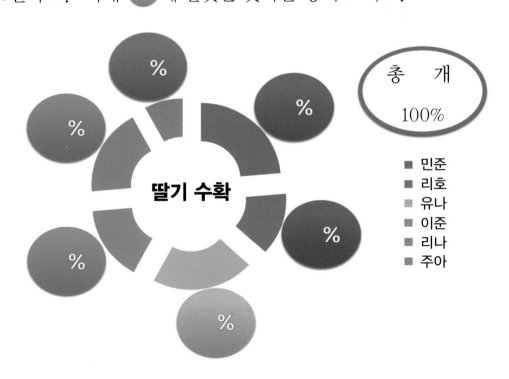

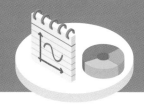

다음은 꺾은선 그래프를 완성해 보아요.

간식은 누구에게나 달콤하게 다가옵니다. 어린 아가들도 간식을 참 좋아하지만, 성인들도 즐겨먹는 편이랍니다. 겨울철 성인들의 경우, 어떤 간식을 즐겨먹는지, 1개월 동안 간식을 먹는 횟수는 어떠한지를 성인 3인에게 여쭈어 보았어요. 그 결과는 아래 표와 같으며, 표를 이용하여 아래 꺾은선 그래프를 완성해 보세요.

〈 성인 간식 및 횟수(1개월) 〉

구분	김선생님	박선생님	최선생님
붕어빵	5	2	1
군고구마	2	4	5
찹쌀순대	2	3	3
도너츠	1	1	1

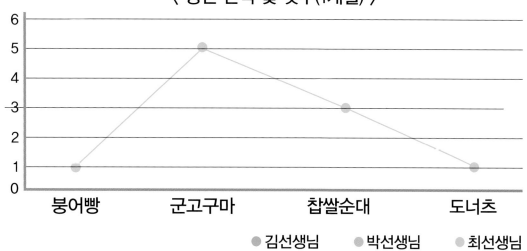

〈 성인 간식 및 횟수(1개월) 〉

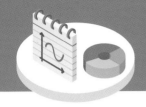

다음은 꺾은선 그래프를 완성해 보아요.

요즘 어린이들은 어떤 간식을 좋아하고, 즐겨 먹고 있을까요? 겨울철 어린이들의 경우, 어떤 간식을 즐겨 먹는지, 1개월 동안 간식을 먹는 횟수는 어떠한지를 어린이 4인에게 여쭈어 보았어요. 그 결과는 아래 표와 같으며, 표를 이용하여 아래 꺾은선그래프를 완성해 보세요.

〈 어린이 간식 및 횟수(1개월) 〉

구분	김어린이	박어린이	최어린이	이어린이
젤리	2	4	3	5
초콜렛	5	2	1	3
쿠키	3	2	2	4
군고구마	1	1	3	1

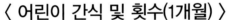

〈 어린이 간식 및 횟수(1개월) 〉

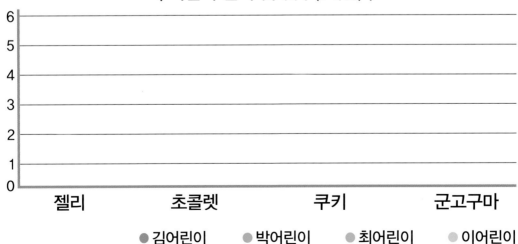

다음은 띠 그래프를 완성해 보아요.

　최근 60대 이상 장년층 100인을 대상으로 음식(불고기, 조기구이, 생선회, 된장찌개)에 대한 선호도를 조사하였어요. 100인 중 불고기를 좋아하는 사람은 35인, 조기구이 5인, 생선회 40인, 된장찌개 20인으로 집계되었어요. 아래 띠그래프를 다른 색을 칠하여 완성하고, 음식에 대한 각각의 집계된 괄호(　%) 안의 숫자를 채워보아요.

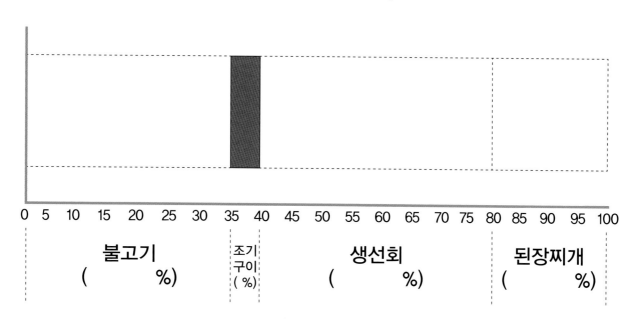

〈 60대 음식 선호도 〉

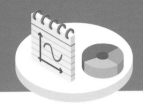

다음은 띠그래프를 완성해 보아요.

최근 20대 100인을 대상으로 음식(불고기, 조기구이, 생선회, 된장찌개)에 대한 선호도를 조사하였어요. 100인 중 불고기를 좋아하는 사람은 30인, 조기구이 20인, 생선회 20인, 된장찌개 30인으로 집계되었어요. 아래 띠그래프를 다른 색을 칠하여 완성하고, 음식에 대한 각각 집계된 괄호(%)안의 숫자를 채워보세요.

〈 20대 음식 선호도 〉

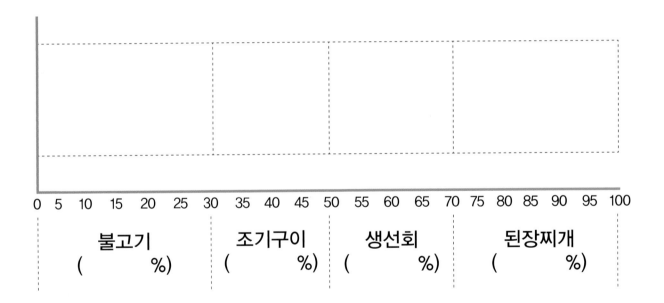

다음은 점그래프를 완성해 보아요.

최근 20대 100인을 대상으로 과일(딸기, 망고, 바나나, 사과)에 대한 선호도를 조사하였어요. 100인 중 딸기를 좋아하는 사람은 30인, 망고 50인, 바나나 10인, 사과 10인으로 집계되었어요. 아래 점그래프를 완성해 보세요.

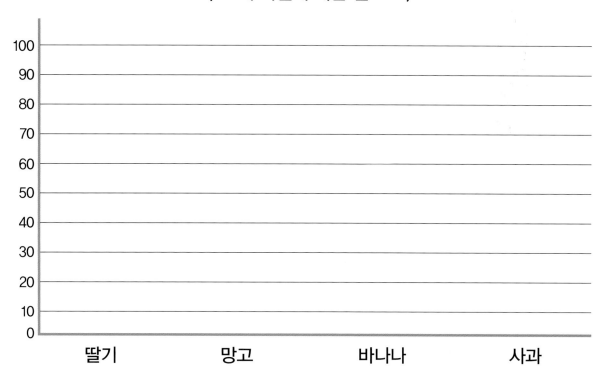

〈 20대 과일에 대한 선호도 〉

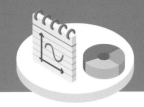

다음은 점그래프를 완성해 보아요.

최근 40대 100인을 대상으로 과일(딸기, 망고, 바나나, 사과)에 대한 선호도를 조사하였어요. 100인 중 딸기를 좋아하는 사람은 40인, 망고 30인, 바나나 20인, 사과 10인으로 집계되었어요. 아래 점그래프를 완성해 보세요.

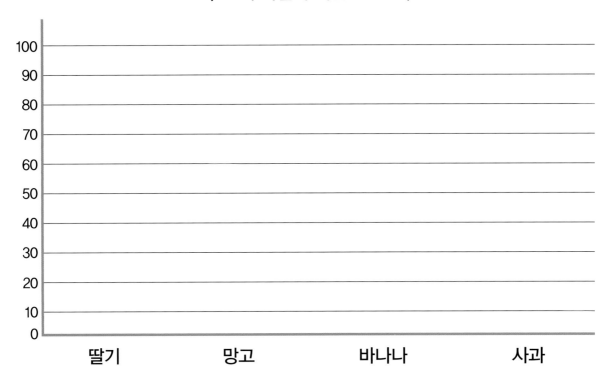

〈 40대 과일에 대한 선호도 〉

다음은 점그래프를 완성해 보아요.

최근 60대 100인을 대상으로 운동(걷기, 휘트니스, 산행, 자전거타기)에 대한 선호도를 조사하였어요. 100인 중 걷기를 좋아하는 사람은 40인, 휘트니스 20인, 산행 30인, 자전거 타기 10인으로 집계되었어요. 아래 점그래프를 완성해 보아요.

〈 60대 과일에 대한 선호도 〉

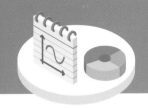

다음은 방사형 그래프를 완성해 보아요.

어느날 60대와 20대 각각 100명에게 설문을 하였다. 삶의 중요한 요소인 4가지 항목(직장, 주거환경, 식생활, 의복)에 대해서 질문하였다. 그 결과는, 아래 방사형 그래프를 참고하고, 아래 표를 완성해 보아요.

〈 60대, 20대 삶의 중요도 결과표 〉

구분	60대(%)	20대(%)
직장	60	
주거환경		20
식생활	10	
의복		20

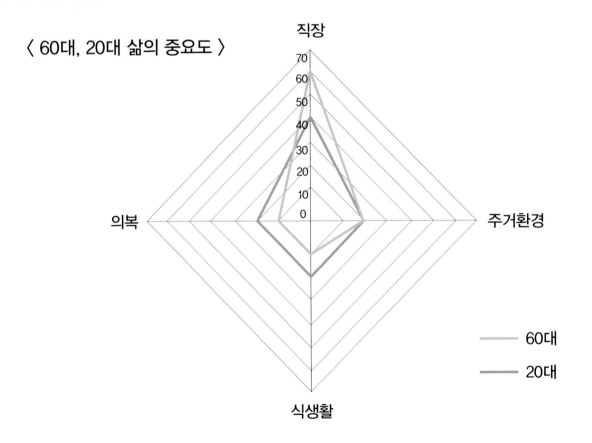

〈 60대, 20대 삶의 중요도 〉

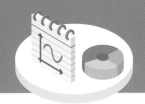

다음은 방사형 그래프를 완성해 보아요.

아래는 세대별 각각 100명에게 설문을 하였다. 세대별 삶의 만족도를 알아보기 위해 4가지 문항(매우 만족, 조금 만족, 보통, 조금 불만족, 매우 불만족)으로 질문하였다. 그 결과는, 아래 방사형 그래프를 참고하고, 아래 표를 완성해 보아요.

〈 60대, 20대 삶의 중요도 결과표 〉

구분	60대(%)	50대(%)	40대(%)	30대(%)
매우 만족한다.	40			
조금 만족한다.	30			
보통이다.	20			
조금 불만족한다.	10			
매우 불만족한다.	10			

〈 세대별 삶의 만족도 〉

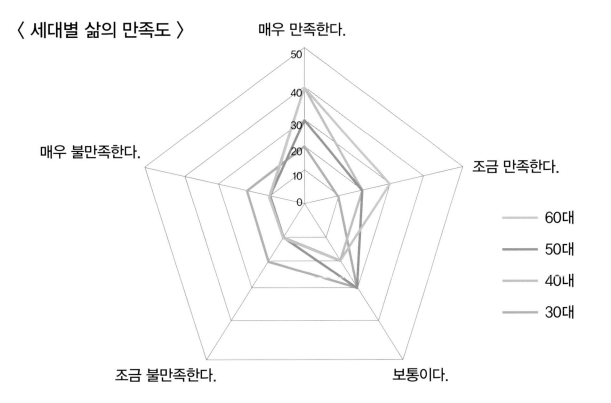

6장 해답

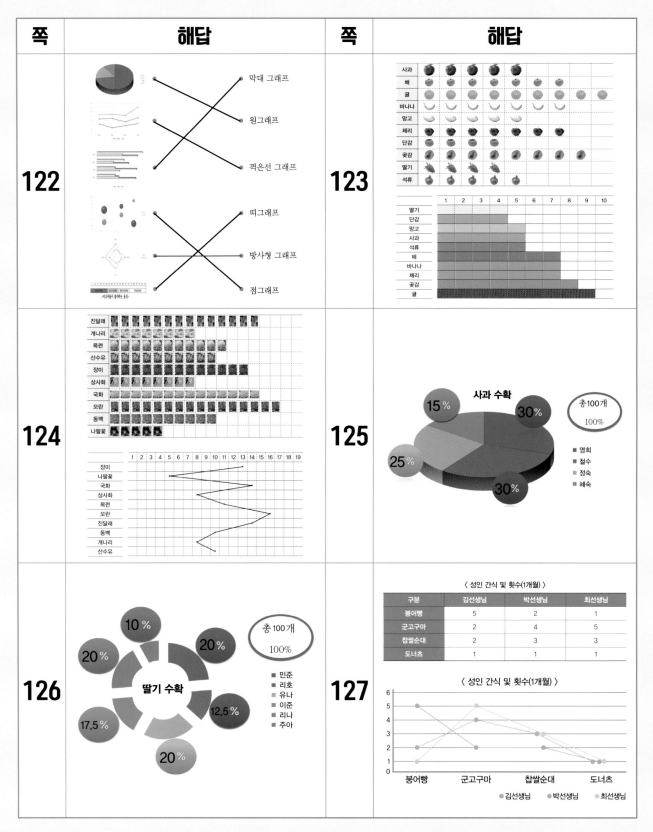

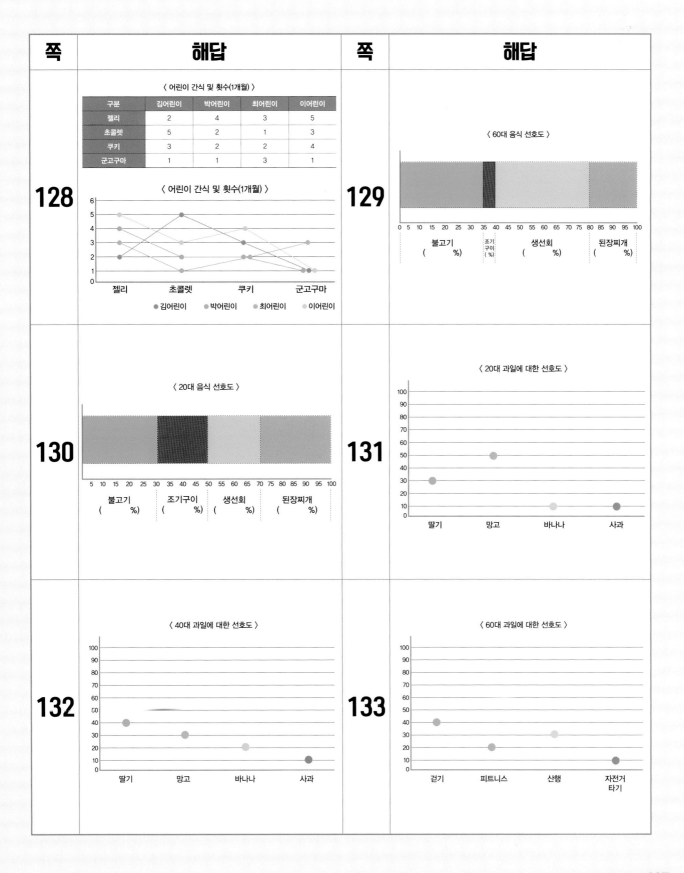

| 쪽 | 해답 | 쪽 | 해답 |

128

〈 어린이 간식 및 횟수(1개월) 〉

구분	김어린이	박어린이	최어린이	이어린이
젤리	2	4	3	5
초콜렛	5	2	1	3
쿠키	3	2	2	4
군고구마	1	1	3	1

〈 어린이 간식 및 횟수(1개월) 〉

● 김어린이 ● 박어린이 ● 최어린이 ● 이어린이

129

〈 60대 음식 선호도 〉

0 5 10 15 20 25 30 35 40 45 50 55 60 65 70 75 80 85 90 95 100

불고기 (%)　조기구이 (%)　생선회 (%)　된장찌개 (%)

130

〈 20대 음식 선호도 〉

5 10 15 20 25 30 35 40 45 50 55 60 65 70 75 80 85 90 95 100

불고기 (%)　조기구이 (%)　생선회 (%)　된장찌개 (%)

131

〈 20대 과일에 대한 선호도 〉

딸기　망고　바나나　사과

132

〈 40대 과일에 대한 선호도 〉

딸기　망고　바나나　사과

133

〈 60대 과일에 대한 선호도 〉

걷기　피트니스　산행　자전거 타기

쪽	해답	쪽	해답

〈 60대, 20대 삶의 중요도 결과표 〉

구분	60대(%)	20대(%)
직장	60	40
주거환경	20	20
식생활	10	20
의복	10	20

134

〈 60대, 20대 삶의 중요도 결과표 〉

구분	60대(%)	50대(%)	40대(%)	30대(%)
매우 만족한다.	40	30	40	20
조금 만족한다.	30	20	20	10
보통이다.	20	30	20	30
조금 불만족한다.	10	10	10	20
매우 불만족한다.	10	10	10	20

135

7장 여러 가지 생활 속 숫자를 찾아보아요!

9시 30분

11시 50분

4시 20분

12시 55분

아래 시계 그림에 제시한 시각의 시침과 분침을 그려보아요.

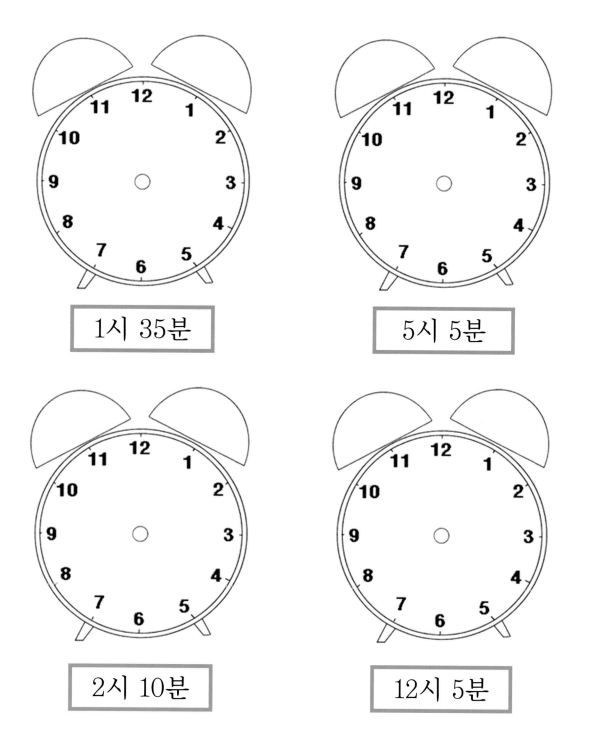

1시 35분

5시 5분

2시 10분

12시 5분

아래 시계 그림에 제시한 시각의 시침과 분침을 그려보아요.

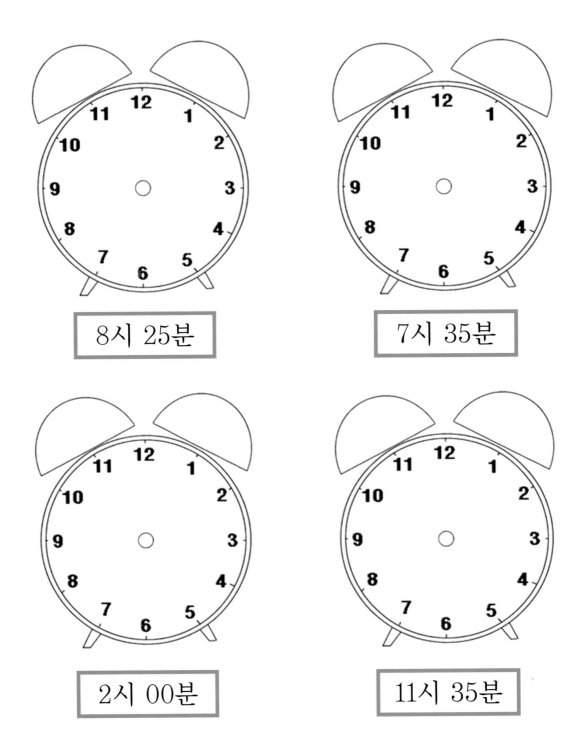

8시 25분

7시 35분

2시 00분

11시 35분

아래 시계를 보고 시각을 써보세요.

시 분

시 분

시 분

시 분

나에 대한 정보를 기록해 볼까요?

- 내가 태어난 연도는?   (   )년

- 내가 태어난 날은?   (   )월 (   )일

- 나는 몇 번째로 태어났을까요?   (   )번째

- 현재 나의 가족 수는 몇 명일까요?   (   )명

- 지금 현재 선생님의 연세는?   (   )세

- 나는 몇 층에 살까요?   (   )층

- 가장 즐거웠던 나이대는?   (   )대

- 하루에 평균 몇 보를 걸으실까요?   (   )보

다음은 즐거운 쇼핑시간입니다. 아래 신발 1켤레와 티셔츠 1장을 구매하려고 합니다. 얼마가 필요할까요?

답 (　　　　)원

← 15,000원

25,000원 →

← 25,000원

답 (40,000)원

오늘은 맛있고 달달한 과일을 좀 사려고 합니다. 귤 2개, 사과 2개, 배 2개, 망고 1개를 구매하려면 얼마가 필요할까요?

답 (　　　　　)원

귤	1개당 500원				
배	1개당 3,000원				
사과	1개당 1,500원				
망고	1개당 5,000원				

이번에는 한 몇 주간 생선을 먹지 않았더니, 생선이 먹고 싶어요. 고등어 2마리, 오징어 1마리, 참조기 3마리를 사고 싶습니다. 생선을 구매하려면, 얼마가 필요할까요?

답 (   )원

고등어	1마리당 9,990원				
오징어	1마리당 4,990원				
다랑어	1kg당 34,990원				
참조기	1마리당 9,990원				

이번에는 말랑하고, 고소한 다랑어 조림을 만들어 먹고 싶어요. 다랑어 2kg만 사려면, 얼마를 지불해야 할까요?

답 (   )원

고등어	1마리당 9,990원				
오징어	1마리당 4,990원				
다랑어	1kg당 34,990원				
참조기	1마리당 9,990원				

148

8장 나도 할 수 있어요.

아래 칸에 덧셈식을 만들어 볼까요?

27	+	23	=	50
	+		=	
	+		=	
	+		=	
	+		=	
	+		=	
	+		=	
	+		=	
	+		=	
	+		=	

120	+	111	=	231
	+		=	
	+		=	
	+		=	
	+		=	
	+		=	
	+		=	
	+		=	
	+		=	
	+		=	

아래 칸에 뺄셈식을 만들어 볼까요

48	−	12	=	36
	−		=	
	−		=	
	−		=	
	−		=	
	−		=	
	−		=	
	−		=	
	−		=	
	−		=	

아래 칸에 뺄셈식을 만들어 볼까요?

250	−	45	=	205
	−		=	
	−		=	
	−		=	
	−		=	
	−		=	
	−		=	
	−		=	
	−		=	
	−		=	

아래 칸에 곱셈식을 만들어 볼까요?

9	X	5	=	45
	X		=	
	X		=	
	X		=	
	X		=	
	X		=	
	X		=	
	X		=	
	X		=	
	X		=	

아래 칸에 곱셈식을 만들어 볼까요?

12	x	12	=	144
	x		=	
	x		=	
	x		=	
	x		=	
	x		=	
	x		=	
	x		=	
	x		=	
	x		=	

아래 칸에 나눗셈식을 만들어 볼까요?

56	÷	8	=	7
	÷		=	
	÷		=	
	÷		=	
	÷		=	
	÷		=	
	÷		=	
	÷		=	
	÷		=	
	÷		=	

아래 칸에 나눗셈식을 만들어 볼까요?

750	÷	50	=	15
	÷		=	
	÷		=	
	÷		=	
	÷		=	
	÷		=	
	÷		=	
	÷		=	
	÷		=	
	÷		=	

7	+	8	=	10	+	5
	−		>		−	
	✕		>		+	
	−		=		−	
	+		<		+	
	−		=		+	
	÷		<		−	
	−		>		÷	
	−		<		✕	
	+		=		+	

15	+	15	=	20	+	12
	−		=		−	
	×		>		+	
	−		<		−	
	+		=		+	
	−		<		+	
	÷		<		−	
	−		>		÷	
	−		=		×	
	+		>		+	

부록 정말 쉬어가기 코너

아래 그림을 완성해 보아요.

시니어스 파이팅!

붓(연필) 가는대로 그려보아요.

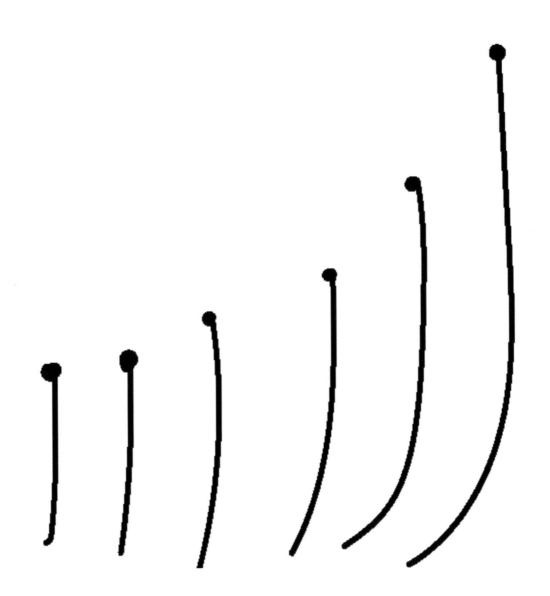

나의 가장 행복한 일상을 그려보아요.

내 인생의 좌우명은 무엇일까요?

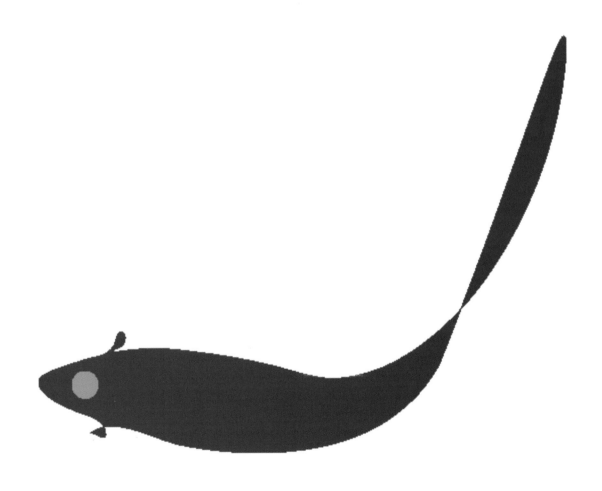

나의 버킷 리스트 10은?

1.
2.
3.
4.
5.
6.
7.
8.
9.
10.

부록　　자가 체크리스트

✔ 자가 체크리스트

치매 간이 검사 체크리스트

구분	질문	답	점수
1	오늘은 0000년 00월 00일 0요일입니까? 지금은 어느 계절입니까?		5점
2	당신의 집 주소는 00시 00구 00동 여기는 어디입니까? (학교, 시장, 병원, 집 등)		4점
3	여기는 무엇을 하는 곳입니까? (마당, 안방, 화장실, 거실 등)		1점
4	물건 이름 3가지 말하기 (예: 나무, 자동차, 모자)		3점
5	3~5분 후에 질문 4의 물건 이름을 다시 말해보라고 한다.		3점
6	숫자 계산 능력: 100 빼기 7은? 또 7을 빼면? 또 7을 빼면? (또는 '삼천리강산'을 거꾸로 말해보라고 한다.)		5점
7	물건 알아 맞히기 (예: 연필, 시계 등을 보여주며 뭐냐고 묻는다)		2점
8	오른쪽으로 종이를 집어, 반으로 접고, 무릎 위에 놓기 (3단계 명령)		3점
9	오각형 두개 겹쳐서 그리기		1점
10	'간장 공장 공장장' 따라 하기		1점
11	옷은 왜 세탁을 해서 입습니까?		1점
12	길에서 다른 사람의 주민등록증을 주웠을 때, 어떻게 하면 쉽게 주인에게 되돌려줄 수 있습니까?		1점
총점	( )점 / 30점		
판정	19점 이하: 확실한 치매, 20~23점: 치매 의심 24점 이상: 정상		

경도인지장애 간이 자가진단 체크리스트

구분	질문	♡ (해당 된 곳에)			점수
		아니다	가끔 그렇다	많이 그렇다	
1	물건을 어디에 두었는지 기억이 잘 안난다.				
2	약속을 잘 잊어버린다.				
3	사람 이름이 갑자기 기억나지 않는다.				
4	며칠 전에 들었던 이야기를 잊는다.				
5	무슨 일을 하고 있었는지 기억이 안난다.				
6	하고 싶은 말이나 표현이 금방 떠오르지 않는다.				
7	같은 질문을 반복하는 경향이 있다.				
8	길을 잃거나 헤맨 경험이 있다.				
9	돈 계산이나 관리에 실수가 있다.				
10	책을 읽을 때 같은 문장을 여러번 읽어야 이해가 된다.				
총점	( )점 / 10점				
판정	8점 이상: 경도인지장애 가능성				

치매 싹 뽑기를 위한 뇌 환경 바꾸기 1

구분	일상 속 두뇌 활동 촉진 훈련법	♡ 실천	X 불이행	참고
1	단골 세탁소나 슈퍼마켓이 아닌 다른 가게를 이용한다.			
2	직장이나 늘 다니던 길을 갈 때 평소와 다른 길이나 방법을 택한다.			
3	통상적인 인사 대신 하루의 시작을 기쁘게 할 덕담을 떠올려 인사한다.			
4	익숙하지 않은 손으로 물이나 음료를 마신다.			
5	익숙하지 않은 손을 이용해 문이나 가방을 연다.			
6	정리 정돈을 자주하고 방의 분위기도 자주 바꾼다.			
7	욕실이나 주방에서 자주 사용하는 물건의 배치를 바꾼다.			
8	단골 식당 대신 새로운 식당에서 식사를 한다.			
9	주차를 한 후 주차증과 자리번호를 큰소리로 3번 말하고 사진을 찍어둔다.			
10	치약이나 샴푸 등을 새로운 향으로 바꾼다.			
11	왼손과 오른손을 번갈아 가며 이를 닦는다.			
12	알파벳이나 구구단을 거꾸로 외우고 한글의 짧은 낱말도 거꾸로 읽는다.			
13	친구가 전화를 하면 전화번호를 기억해본다.			
총점	( )점 / 10점			
참고	○ 치매의 싹은 20년 전부터 시작입니다. ○ 치매의 싹이 잘 자라지 못하도록 뇌 환경을 바꾸고 싹을 뽑을 수 있는 시기이다. ○ 뇌 세포를 훈련 시켜야 한다.			

치매 싹 뽑기를 위한 뇌 환경 바꾸기 2

구분	전두엽의 활성화를 위한 촉진법	♡ 실천	✕ 불이행	참고
1	규칙적으로 운동을 열심히 한다.			
2	부지런하고 매사 성실하게 살며 적당한 욕심과 긴장을 유지한다.			
3	명상이나 기도로 내면의 소리에 귀 기울인다.			
4	무조건 참거나 화내지 말고 자신의 감정을 글로 표현해본다.			
5	책을 많이 읽고 느낌을 정리하거나 독후감을 쓴다.			
6	텔레비전보다 라디오가 상상력을 자극하므로 전두엽 활성화에 좋다.			
7	구체적 목표를 세우고 계획을 행동에 옮기되, 꼼꼼하게 마무리한다.			
8	항상 배우는 자세를 유지하고 자기계발을 위해 열심히 배우러 다니는 것이 좋다.			
9	사회생활을 열심히 하고 다양한 사람을 만날수록 뇌 자극에 도움이 된다.			
10	사랑하는 사람이나 대상이 있어야 하고, 자존감을 유지하도록 한다.			
11	나보다 남을 먼저 배려하는 마음을 갖는다.			
12	봉사활동, 단체활동으로 여러 사람과 공감대를 느낀다.			
13	새로운 경험을 시도한다(반복된 생활은 뇌에 좋지 않다).			
총점	( )점 / 10점			
참고	○ 치매의 싹은 20년 전부터 시작입니다. ○ 치매의 싹이 잘 자라지 못하도록 뇌 환경을 바꾸고 싹을 뽑을 수 있는 시기이다. ○ 뇌 세포를 훈련 시켜야 한다.			

치매 싹 간이 검사 체크리스트

구분	질문	♡	✕	점수
1	이미 한 이야기나 질문을 반복하는 일이 잦아졌다. (초 단기 기억장애 시작)			5점
2	물건을 자주 잃어버리거나 문단속 등을 자주 깜빡한다.			4점
3	약속을 잘 잊어 버린다.			1점
4	익숙한 사물의 이름이나 친한 사람의 이름이 잘 떠오르지 않는다.			3점
5	남의 말이 이해가 되지 않고 말귀가 어두워졌다는 말을 듣는다.			3점
6	매사 관심이 없고 의욕이 떨어지며 삶의 활력이 뚜렷히 줄었다.			5점
7	옷이나 차림새에 신경을 쓰지 않는 등 패션에 무감각해졌다.			2점
8	화를 잘내고 충동을 절제하기 힘들다.			3점
9	남을 배려하는 마음이 적고 예의가 없어졌다.			1점
10	말에 두서가 없어지고 조리가 없다.			1점
11	요리 등 복잡한 일이 서툴러지고, 두가지 일을 동시에 하면 한쪽은 꼭 실수를 한다.			1점
12	젓가락질이 서툴고 음식을 자주 흘린다.			1점
13	머리에 안개 낀 듯, 때로 보자기를 뒤집어쓴 듯 머리 회전이 잘 안된다.			1점
총점	( )점 / 30점			

참고	19점 이하: 정상 20~23점: 치매의 싹이 시작 24점 이상: 위험 신호 ○치매의 싹은 20년 전부터 시작입니다. ○치매의 싹이 잘 자라지 못하도록 뇌 환경을 바꾸고 싹을 뽑을 수 있는 시기이다. ○뇌 세포를 훈련 시켜야 한다.

건망증 정도 (일상 생활편) 간이 검사 체크리스트

구분		질문	♡	X	점수
1	건망증이 심하다.	방금 전화를 끊었는데, 상대방의 이름을 모른다.			4점
2		같은 것을 몇 번이나 말하고 묻는다.			2점
3		물건을 잘 잊어버리거나 엉뚱한 곳에 두고는 찾지 못한다.			2점
4		새로운 것이 외워지지 않고 약속을 잘 잊어버린다.			2점
5	판단력, 이해력, 집중력이 떨어진다.	요리, 정리, 계산, 운전 등의 실수가 많아졌다.			2점
6		터무니없는 값을 치르고 물건을 산다.			3점
7		이야기의 이치가 맞지 않는다.			2점
8		텔레비전 프로그램의 내용이 이해하기 어려워졌다.			2점
9	시간, 장소를 모른다.	약속 일시나 장소를 틀리는 일이 많다.			2점
10		그곳에 (집안, 사무실)에 왜 왔는지 자주 잊어버린다.			2점
11	성격이 변한다.	별것 아닌 일에 화를 낸다.			1점
12		주위 사람들을 배려하지 않고 고집이 세졌다.			1점
13		자신의 실패를 남의 탓으로 돌린다.			2점
14		"요즘 이상해졌다"는 소리를 자주 듣는다.			2점
15	불안감과 단기기억력이 강해진다.	혼자 있게 두면 두려워하거나 외로워한다.			2점
16		외출 시 가져갈 물건을 몇번이나 확인한다.			2점
17		"자꾸 잊어 버린다고 치매같다"고 당사자가 호소한다.			1점
18	의욕이 없어진다.	속옷을 갈아입지 않고, 차림새에 신경 쓰지 않는다.			2점
19		취미나 좋아하는 텔레비전 프로그램에 흥미가 사라졌다.			2점
20		매우 우울해져서 무언가 하는 것을 귀찮아하고 싫어힌다.			2점
총점		( )점 / 30점			
참고		25점 이하: 정상　　　30~33점: 치매의 싹이 시작　　　34점 이상: 위험 신호 ○치매의 싹은 20년 전부터 시작입니다. ○치매의 싹이 잘 자라지 못하도록 뇌 환경을 바꾸고 싹을 뽑을 수 있는 시기이다. ○건망증이 치매로 이어지지는 않는다.　　　○뇌 세포를 훈련 시켜야 한다.			

시니어건강서 `5`
치매예방 뇌비게이션 워크북
뇌훈련교과서 숫자놀이

초판인쇄 | 2022년 5월 16일
초판발행 | 2022년 5월 25일

감 수 | 허평화 · 임나현
엮 은 이 | 조혜숙
발 행 인 | 정옥자
임프린트 | HJ골든벨타임
등 록 | 제 3-618호(95. 5. 11) ⓒ 2022 Han Jin
I S B N | 979-11-91977-14-1
         978-89-97398-00-3(세트)
가 격 | 18,000원

이 책을 만든 사람들

편집 · 디자인 | 조경미, 남동우   **제작진행** | 최병석
웹매니지먼트 | 안재명, 서수진, 김경희   **오프마케팅** | 우병춘, 이대권, 이강연
공급관리 | 오민석, 정복순, 김봉식   **회계관리** | 문경임, 김경아

(우)04316 서울특별시 용산구 원호로 245(원호로 1가 53-1) 골든벨 빌딩 5~6F
 • TEL : 도서 주문 및 발송 02-713-4135 / 회계 경리 02-713-4137
          편집 디자인 070-8854-3656 / 해외 오퍼 및 광고 02-713-7453
 • FAX : 02-718-5510   • http : //www.gbbook.co.kr   • E-mail : 7134135@naver.com